Buch

Mit derselben Dichte, derselben farbig-direkten Sprache, mit der sie in »Kartoffeln mit Stippe« (Goldmann-Taschenbuch 6393) ihre Kindheit geschildert hat, erzählt Ilse Gräfin von Bredow in dem vorliegenden Band von den Jahren 1933–45, »aus der Sicht eines jungen Mädchens, das weder besonders intelligent noch hübsch oder talentiert ist. Wie ein ganz und gar durchschnittliches junge Mädchen diese Zeit erlebt hat«.

Hitlers »Machtergreifung« verändert das Leben auf dem kleinen märkischen Dorf zunächst kaum. Die Einrichtung einer öffentlichen Fernsprechstelle, die zur köstlichen Klatschzentrale wird, ist ungleich aufregender als die Rede des Parteigenossen aus der Stadt vor den Volksgenossen auf dem Land. Der Vater führt weiter sein gräfliches Regiment, das aus dem Hintergrund von der Mutter gelenkt wird. Aber dann erreicht die Außenwelt das jüngste Kind des Hauses doch: Sie muß ins Internat und erlebt erstmals Freud und Leid »höherer« Töchter.

Die »große Zeit« fordert bald mehr, das junge Mädchen muß zum Arbeitseinsatz auf Bauernhöfe und in die Wälder. In Berlin erfährt sie, wie die Wirklichkeit draußen tatsächlich aussieht. Das stille, beinahe vergessene Heimatdorf füllt sich mit Evakuierten.

Sie wird dienstverpflichtet.

Von Pferden versteht sie etwas, also wird sie der Reit- und Fahrschule des Wehrkreises zugeteilt. Von Männern versteht sie nichts, also hat sie ihre liebe Not mit den Soldaten, wie die meisten ihrer Kameradinnen auch. Die Mädchen müssen schuften, daß sie kaum zur Besinnung kommen und erst merken, wie es wirklich steht, als es beinahe schon zu spät ist. Mit ihren Tieren gehen sie auf die Flucht, die Heimat ist verloren...

Autorin

Ilse Gräfin von Bredow wurde 1922 geboren. Sie stammt aus einer Familie, die jahrhundertelang in der Mark Brandenburg ansässig war, und lebt heute in Hamburg.

Außer »Kartoffeln mit Stippe«
und »Deine Keile kriegste doch«
ist von Ilse Gräfin von Bredow als
Goldmann-Taschenbuch erschienen:

Willst du glücklich sein im Leben...
Geschichten von gestern – Geschichten von heute (8786)

Ilse Gräfin von Bredow

Deine Keile kriegste doch

Mädchen-Erinnerungen an eine verlorene Heimat

GOLDMANN VERLAG

Die in diesem Buch geschilderten Menschen
sind nicht identisch mit bestimmten lebenden oder verstorbenen
Personen.
Eventuelle Ähnlichkeiten wären rein zufällig.

Der Goldmann Verlag
ist ein Unternehmen der Verlagsgruppe Bertelsmann

Ungekürzte Ausgabe

Made in Germany · 6. Auflage · 4/88
Lizenzausgabe mit Genehmigung des Scherz Verlags, Bern und München
© 1981 by Scherz Verlag, Bern und München
Umschlagentwurf: Design Team München
Umschlagfoto: Fotoagentur Gruner + Jahr, Hamburg
Druck: Elsnerdruck, Berlin
Verlagsnummer: 6656
MV · Herstellung: Peter Papenbrok/Voi
ISBN 3-442-06656-5

*«Weene nich, es is verjebens
jede Träne dieses Lebens
fließet in ein Kellerloch –
deine Keile kriste doch!»*

HEINRICH ZILLE

1

Politische Ereignisse fanden in unserem Dorf nur geringes Echo. «Das is mich allens eins, wenn man die Hühner legen», war der einzige Kommentar der Jungfer Zech zu Hitlers Aufstieg als Reichskanzler gewesen. Da gaben die Hornissen in Nachbar Trägenapps Kastanie mehr Gesprächsstoff her. Sie versetzten Mensch und Vieh in Angst und Schrecken. Sobald sie zu hören waren, galoppierten die Pferde mit den Heuwagen schnaubend über die ungepflasterte Dorfstraße, und lange Staubfahnen drangen in unsere Fenster. Schließlich kam Trägenapp die geniale Idee, den Biestern mit dem Feuerlöscher den Garaus zu machen. Er bereitete den Angriff sorgfältig vor, bastelte aus einem Stück Fliegengitter und einem Seihtuch einen provisorischen Schutzhelm, zog sich Handschuhe an und schleppte eine lange Leiter herbei. Vorsichtig das Terrain sondierend, stieg er bedächtig Sprosse für Sprosse hinauf. Wir hatten uns auf der Dorfstraße versammelt und sahen ihm aus respektvoller Entfernung zu, wie er das Minimaxgerät in Gang setzte, bis aus jedem Astloch Schaum quoll. Leider stellte sich die erwünschte Wirkung nicht ein, die Hornissen waren nicht zu Hause. Erst als Trägenapp den Rückzug antrat, kam eine mit tiefem, zornigem Brummen geflogen und versetzte ihm einen tüchtigen Stich ins Hinterteil, so daß er drei Tage auf dem Bauch liegend im Bett verbringen mußte.

Vater, der das Herumgejuchze der Städter in seinem Wald haßte, überlegte, ob er nicht am Ortseingang ein Schild «Achtung! Hornissen!» mit einem aufgemalten Totenkopf aufstellen sollte.

«Also wirklich, Alfred.» Mutter schüttelte den Kopf. Dabei war sie am meisten darüber gekränkt, daß die Ausflügler jedesmal taten, als hätten sie einen wilden Völkerstamm entdeckt, wenn sie unsere Dornröschenhecke von Wald, Seen und Luch überwunden hatten und unvermutet auf unser Dorf und seine wenigen Häuser stießen. «Kuckt mal, hier leben auch noch Menschen!» Mamsell hatte es deshalb auch hoheitsvoll abgelehnt, einem Schlittschuhläufer, der sich eines Winters über den zugefrorenen Rhin bis zum Gartenzaun unseres Forsthauses verirrt hatte, «was Heißes» rauszubringen. Daß er, um seiner Bitte Nachdruck zu verleihen, gönnerhaft mit einem Geldschein vor ihrer Nase herumwedelte, machte die Sache nicht besser und veranlaßte Mamsell zu der weniger hoheitsvollen Bemerkung: «Sind wir hier vielleicht 'ne Kneipe?»

Dabei hatten die Ausflügler recht, wir waren nicht mal ein richtiges Dorf. Die Kinder mußten zur Schule vier Kilometer durch Wald und Heide laufen, und wenn wir am Sonntag den Gottesdienst verschliefen, gemahnten uns nur bei Westwind die Glocken vom anderen Seeufer an die Ballade «Es war ein Kind, das wollte nie zur Kirche sich bequemen . . .». Der Krämer kam höchstens einmal wöchentlich mit seinem Planwagen, und bei Eis und

Schnee warteten wir im Winter manchmal einen Monat und länger auf Zucker, Kerzen und Streichhölzer. Elektrizität und fließendes Wasser waren ferne Träume. Man behalf sich mit Petroleumlampen, Plumpsklo und Pumpe.

Doch in mancher Hinsicht war der Fortschritt auch bei uns eingezogen. Bruder Billis selbstgebasteltem Detektorradio war ein Volksempfänger mit Akku gefolgt. Den mußten wir jeden Monat zum Aufladen mit dem Fahrrad in die Kreisstadt bringen. Da der Weg dorthin recht stuckerig war, schwappte die Säure dauernd über, und wir hatten allesamt Löcher in den Lodenmänteln. Auch hatte es die Postfrau zu einem Fahrrad gebracht. Sogar mit einer Ziehklingel, von der sie gern Gebrauch machte, was Vater höchst überflüssig fand. «Die Rehe erschrecken sich ja zu Tode!»

Doch der größte Stolz des Dorfes war die öffentliche Fernsprechstelle. Bei uns im Forsthaus hatte das Telefon nur eine kurze Gastrolle gegeben. Bereits nach einer Woche hatte dieser Apparat bei Vater restlos verspielt. Als er uns so gegen zehn Uhr abends, also mitten in der Nacht, mit schrillem Klingeln weckte, sprang Vater aus dem Bett: «O Gott, mein Wald brennt!» Er nahm den Hörer ab. Das Fräulein vom Amt meldete sich: «Hier Amt, wer spricht?»

«Ich.» Vater gähnte laut.

«Bitte?» sagte das Fräulein tadelnd. Vater nannte unwillig seinen Namen.

«Sie werden aus Berlin verlangt. Ich verbinde, bitte warten Sie.»

Da es offensichtlich nicht um seinen Wald ging, verlor Vater sofort die Geduld. «Ich denke gar nicht daran», brüllte er und schob den Bernhardiner weg, der ihm die nackten Zehen ableckte. «Berlin kann mich mal!»

«Bitte?» sagte das Fräulein, und «Alfred!» rief Mutter von oben.

«Gute Nacht.» Vater knallte den Hörer auf die Gabel.

Das Telefon begann wieder zu klingeln. «Untersteht euch, ranzugehen!» Vaters Stimme klang so drohend, daß selbst Mutter zurückschreckte, obwohl sie vor Neugier platzte.

Soviel Mutter auch barmte, das Telefon wurde wieder abgemeldet. Aber da die Masten nun einmal standen und Trägenapps einen kleinen Nebenverdienst gut gebrauchen konnten, richtete die Post bei ihnen eine öffentliche Fernsprechstelle ein. Trägenapps Umsatz an Flaschenbier und Brause stieg beträchtlich, denn das Telefon diente zur allgemeinen Unterhaltung. Sobald die auf dem Hof angebrachte Klingel zu hören war und Frau Trägenapp kurz darauf mit kräftiger Stimme den Gewünschten auf der Dorfstraße ausrief, kam, was nicht gerade Milch auf dem Herd oder ein Kuheuter in der Hand hatte, angerannt und versammelte sich bei ihr im Flur. Angerufen wurden eigentlich nur Mutter und unser Dauersommerfrischler, ein Arzt aus Berlin. Er wohnte bereits seit einer Reihe von Jahren in einem Häuschen am Dorfrand, das er von Vater gemietet hatte, und verbrachte mit seiner Frau dort jedes Wochenende.

Während Mutter sich angewöhnt hatte, in einem selbsterfundenen Geheimkode die neuesten Familiennachrichten durchzuhecheln, kamen die Zuhörer bei den knappen Dialogen des Professors mit der Klinik –

«Blinddarm? Durchbruch? Operieren!» – mehr auf ihre Kosten. Da ging es ja direkt um Tod und Leben!

Trotz unserer Abgeschiedenheit machte die Politik auch vor unserem Dorf nicht halt. Als ich vom Krämer hakenkreuzverzierte Bonbons, die innen so schön sauer waren, kaufen wollte, zuckte er bedauernd die Achseln: «So einen nationalen Kitsch führe ich nicht mehr.» Im Nachbardorf machte man sich daran, eine Ortsgruppe der NSDAP zu gründen. Ein höherer Parteigenosse aus der Kreisstadt nahm das in die Hand. Er hielt in der «Perle des Westhavellandes» eine feurige Rede über das gläubige Gemeinschaftsgefühl, das jetzt alle Deutschen ergreife, und vom deutschen Bauerntum. Man hörte zu, sagte ja, sagte nein, bis dem Parteigenossen über soviel dösige Unentschlossenheit fast der Kragen platzte. Gerade noch rechtzeitig fiel ihm die Maibutter ein und der zarte Schinken, den seine Frau von den Bauern preisgünstig bezog, und natürlich auch, daß ein Nationalsozialist überzeugen und nicht einschüchtern soll. So fuhr er in die Stadt zurück. An seiner Stelle kam ein Kamerad von der Reiter-SA. Zu dem faßte man gleich Vertrauen, denn er galt im Kreis als ein Reiter-As. Er stellte einen Reitersturm auf, und viele machten begeistert mit, gelegentlich auch ich auf unserer neuen Fuchsstute Mumpitz. Reitstunden hatte ich noch nie gehabt, und so lernte ich jetzt «Im Arbeitstempo – Te-rrab!» und durfte manchmal sogar Tête reiten.

Auch eine Jungenschaft gab es inzwischen. Sie

wurde von Otto Klose herumkommandiert, dessen Opa vor einigen Jahren die Dorfsensation gewesen war, weil er den Schäfer umgebracht hatte. Zweimal im Monat kam ein Jungzugführer mit anderen Schaften anmarschiert und brachte die Dorfjungen auf Zack. Meinen epileptischen Freund Bruno wollte er als Pimpf nicht haben. Bruno hatte nämlich in seiner Gegenwart einen seiner sonst selten gewordenen Anfälle bekommen, und das ausgerechnet bei dem Kommando «Stillgestanden!», so daß der ganze Haufen durcheinandergeriet. Aber da hatte der Jungzugführer seine Rechnung ohne Otto gemacht. Erstens war Bruno sein Vetter, und zweitens war er ein klasse Spurenleser, der jeden noch so gut getarnten Feind sogar im Dustern entdeckte. Otto drohte, den Kram hinzuschmeißen, und zeterte so lange herum, bis der Jungzugführer nachgab. Bruno wurde sogar zum Späher und Wimpelträger befördert, und wenn er seinen wackeligen Tag hatte, stützte er sich einfach auf den Wimpelschaft.

Der Jungvolkführer verlegte die Geländespiele mit Vorliebe in unseren Wald, denn er war in meine Schwester Vera verknallt und schrieb ihr ins Poesiealbum: «Nichts für dich, alles fürs Vaterland!» Aber Vera hatte andere Raupen im Kopf. Sie war seit einem Jahr in einem adeligen Mädchenstift und schwärmte gleichzeitig für den Schauspieler Hans Albers und für eine ihrer Erzieherinnen.

«Ich will auch zu den Jungmädels», nölte ich herum. Jungen und Mädchen der Hitlerjugend machten oft gemeinsame Fahrten, und im Gegensatz zu Vera bewunderte ich die strammen Muskeln des Jungzugführers.

Im Sommer 1934 war nur ich allein noch zu Haus, denn Billi war als Ältester schon lange im Internat. Mich würde man nicht wegschicken, davon war ich überzeugt. Einen Herzepimpel mußte Mutter schließlich um sich haben. Wen sollte sie sonst mit Lebertran und Promonta vollstopfen, wem Geschichten aus der Jugendzeit erzählen und das Lied vom «Nöck» vorspielen oder mit ihm zerren, weil das Kind darauf bestand, im Frühjahr bei Temperaturen um Null bereits Kniestrümpfe anzuziehen?

Vater war es recht. Wozu setzte man Kinder in die Welt, wenn keines als «Schicketanz» zur Hand war! Von früh bis spät hetzte er mich durch Haus und Hof, ich mußte ihm behilflich sein und tausend Aufträge ausführen. «Drei Kreuze reiten», befahl er gern, wenn ich mich nicht schnell genug in Bewegung setzte, was, wie er mir erklärte, bei der Kavallerie das schnellste Tempo für die Melder war.

Vorübergehend hatte es so ausgesehen, als ob Billi wieder zurückkehren und das Gymnasium in der Kreisstadt besuchen würde. In seiner Schule war es fast zu einem Aufstand gekommen, denn der Leiter des Internats mußte gehen. «Nur weil er Jude ist?» fragte Mutter ungläubig. Billi berichtete genüßlich, daß die oberen Klassen den neuen Direktor mit einem Pfeifkonzert empfangen und ihm eine Rückfahrkarte in seinen Heimatort aufs Pult gelegt hatten. «Wir sollten dich von der Schule nehmen», sagte Vater.

Aber dann machten ihm die Rüsselkäfer im Wald zu schaffen, und Billi verkuckte sich zu Mutters Mißvergnügen in die Gutssekretärin von Onkel Hans, der nicht weit von uns mit seiner Mutter, der alten Exzellenz, ein kleines Schloß bewohnte. Man vergaß, Billi abzumelden.

So konnte ich meine Rolle als Einzelkind weiter genießen, konnte ungestört auf der großen Eiche am See sitzen und über Felder und Luch blicken, ohne von Billi aus dem Hinterhalt mit der Zwille beschossen zu werden. Sobald mich Fräulein Weber, unsere Hauslehrerin, aus dem Unterricht entließ, war ich mit Bruno und Otto unterwegs. Wir räuberten Fische aus Brümmerstedts Reusen und verkauften sie an Zeltler am See. Wir standen bis zu den Knien im Wasser und angelten, und die Sonne brannte auf unsere Köpfe. Manchmal kam Brümmerstedt plötzlich mit dem Kahn aus dem Schilf geschossen wie Zieten aus dem Busch und drohte uns mit dem Ruder: «Euch krieg ich noch!» Wir ließen uns im Paddelboot den Havelländischen Hauptkanal hinuntertreiben und suchten im Schilf nach Nestern von Tauchern und Lietzen.

An einem Sonntag morgen, als die Eltern noch schliefen, schlich ich mich aus dem Haus, lief in den Stall und sattelte Mumpitz. Singend galoppierte ich über die frischgemähten Wiesen, und die Stute drehte ab und zu den Kopf, um spielerisch nach meinen Stiefelspitzen zu schnappen, oder keilte übermütig aus. Vor einer kleinen Hütte inmitten von Schilf und Rohrkolben sprang ich aus dem Sattel. Hier hatte Emil, der Freund unseres früheren Hausmädchens Lore, gewohnt, bevor er Selbstmord beging. Jetzt stand die Hütte leer. Der Zaun aus Maschendraht hatte große Löcher, und im Garten wucherte meterhohes Unkraut. Ich band Mumpitz an einen Pfosten, schlich ums Haus und blickte durch die zerbrochenen Fensterscheiben. Aber bis auf ein paar Mäuse, die über die Dielen huschten, rührte sich nichts. So legte ich mich in eine Graskuhle, ließ mich von der milden Junisonne wärmen und schlief ein. Ich träumte von Emil und Lore und wie wir ihn damals am Baum hängend gefunden hatten. Ich erwachte von meinem eigenen Schrei.

Und dann kreischte ich gleich noch einmal vor Schreck: Mumpitz war weg! Die Stute hatte die Trense vom Pfosten abgestreift und sich dünnegemacht. Ich mußte zu Fuß nach Haus zurück. Auf dem Hof empfing mich Vater mit einem Donnerwetter. Was hätte diesem wertvollen Tier nicht alles zustoßen können! Wenn es nun mit der Trense an einem Baum hängengeblieben wäre oder sich am Stacheldraht verletzt hätte? Dabei stand die Stute längst unversehrt im Stall und ließ sich ihren Hafer schmecken. Aber Vater tat, als lahme sie auf allen vier Beinen. «Noch dazu am Sonntag», grollte er weiter. «Gönnst dem armen Tier nicht mal seinen wohlverdienten Feiertag. Rücksichtslos, so was!»

«Das Kind verwildert», hörte ich ihn nach dem Frühstück auf der Veranda zu Mutter sagen. «Sie muß wohl doch in eine Benehmige.»

«Sie ist zu zart», wandte Mutter ein. «Du weißt, sie

hat's leicht mit den Bronchien. Außerdem müßtest du noch mehr Bäume schlagen, wenn wir das Internat für sie bezahlen wollen.»

«Auch wieder wahr», meinte Vater. Erleichtert schlich ich mich davon.

Am Sonnabend darauf hatten wir Vesperbesuch. Es war die Landrätin, deren Mann von den Nazis vorzeitig in Pension geschickt worden war. Ich war auf der Veranda in ein hochinteressantes Buch vertieft gewesen, das ich mir aus der hintersten Reihe in Vaters Bücherschrank geangelt hatte, und platzte ins Eßzimmer, wo Mutter gerade die Sandtorte anschnitt. «Was ist das für ein Rausch, der Mann und Frau verbindet?» wollte ich wissen.

«Wie sehen denn deine Haare wieder aus!» lenkte Mutter gleich ab.

Die Landrätin musterte mich kritisch. «Das kann sie wohl kaum in ‹Nesthäkchen› gelesen haben.» Sie beugte sich zu Mutter. «Ich will ja meinen Rat nicht aufdrängen, aber ob in ihrem Alter der Umgang nur mit Dorfjungen das richtige ist?»

«Zu den Jungmädeln darf ich ja nicht», maulte ich.

«Schade, daß es den Luisenbund nicht mehr gibt mit Ihrer Königlichen Hoheit von Braunschweig und Hannover als Schirmherrin. Diese hübschen kornblumenblauen Kleider!» Die Landrätin rührte versonnen in ihrer Tasse. «Daß Prinz Auwi aber auch der SA beitreten mußte! Soll ja ein sehr guter Freund von Göring sein.»

Da man mich nicht weiter beachtete, holte ich mir

mein Rad aus dem Schuppen und fuhr zu Annelise Reimers, meiner Vertrauten, die schon mit fünfzehn ein uneheliches Kind bekommen hatte. Sie würde mir vielleicht meine Frage beantworten können. Annelise war jetzt mit einem Gespannführer von Onkel Hans verheiratet und arbeitete in der Küche der alten Exzellenz.

Das Schloß lag wie eine bemooste Kröte vor mir, als ich mein Rad den Berg hinaufschob. Auf dem Hof waren die meisten Gutsarbeiter und das Personal versammelt. Ich sah, wie Onkel Hans, eskortiert von zwei Landjägern, schimpfend auf einen Lastwagen kletterte und der Wagen mit ihm davonfuhr. Die alte Exzellenz stand totenblaß auf der Freitreppe und stampfte mit ihrem Stock auf die Stufen. Ich ging auf sie zu und machte meinen Knicks.

«Darf ich Annelise besuchen?» fragte ich.

Sie sah mich abwesend an. «Wir können dich jetzt hier nicht gebrauchen, Kind. Fahr wieder nach Haus.»

«Haben sie Onkel Hans verhaftet?» fragte ich aufgeregt.

Sie antwortete nicht, sondern drehte sich um und ging ins Schloß.

Während ich in rasendem Tempo den Berg hinunterfuhr, überlegte ich mir, was der Onkel wohl angestellt haben konnte. Ich trat kräftiger in die Pedale – das mußte ich gleich zu Hause erzählen!

In der Küche stritt Mutter sich gerade mit Mamsell, die ihr die Bratensoße nicht sämig genug machte. Beide hörten überhaupt nicht hin, als ich meine Neuigkeit herausposaunte. So nahm ich eine Teschingpatrone und schmiß sie ins offene Herdfeuer, um ihre Aufmerksamkeit auf mich zu lenken. Die Explosion war stärker, als ich gedacht hatte. Fast wäre die Ofentür herausgeflogen, und über die Herdplatte zog sich ein langer Riß.

Vor Mutters drohendem Blick rettete ich mich hinter die offene Schranktür und sprudelte mein Erlebnis heraus. Mutter starrte mich ungläubig an, aber dann wurden wir zu meinem Ärger von Frau Trägenapp unterbrochen, die Mutter ans Telefon rief.

Als sie wiederkam, suchte sie aufgeregt nach Vater: «Alfred, wo steckst du?»

«Hier!» Vater tauchte aus seinem Verandastuhl auf. «Wo brennt's denn?»

«Alfred –» Mutters Stimme bekam einen beschwörenden Ton. «Du mußt dich verstecken. Es ist irgendwas Politisches im Gange. Womöglich kommen sie auch zu uns und verhaften dich.»

«Wer sollte was von mir wollen?» meinte Vater gähnend. «Einem durch und durch uninteressanten Menschen.»

So wollte Mutter das nun auch wieder nicht gesehen haben, und als die Nacht und der Tag vergingen, ohne daß sich etwas Ungewöhnliches ereignete, war sie fast gekränkt.

Allmählich sickerte durch, was passiert war. Der neue Landrat, ein, wie behauptet wurde, hundertfünfzigprozentiger Nazi, hatte eine Reihe von Gutsbesitzern abholen und auf einem Lastwagen zu einem abgelegenen Gasthaus bringen lassen. Dort verbrachten sie, bewacht von Landgendarmen, eine Nacht und einen Tag, krakeelten in der Gaststube herum, aßen und tranken reichlich – sehr zur Freude des Gastwirtes, der zur Bedienung sogar die taube Oma aus dem Bett holte – und vertrieben sich die Zeit mit Kartenspielen. Dann ließ man sie ohne jede Erklärung wieder laufen. Erst als ihre Frauen aufgeregt berichteten, daß bei ihnen merkwürdige Individuen in Autos mit Berliner Kennzeichen aufgetaucht seien und nach den Männern gefragt hätten, wurden sie stutzig. Als sie dann im «Westhavelländer» vom 2. Juli über den vereitelten Putsch der SA unter Röhm lasen und außerdem erfuhren, wen man verhaftet und erschossen hatte, ging ihnen endgültig ein Licht auf.

«Allerhand von dem Landrat, das zu riskieren», sagte Onkel Hans. Er war eine Woche nach diesen Ereignissen herübergeritten gekommen, um alles noch einmal gründlich durchzukauen.

«Du meinst, euch in ‹Schutzhaft› zu nehmen?» sagte Vater.

Der Onkel nickte. «Hättest du das von diesem braunen Bruder gedacht? Natürlich haben wir uns nicht lumpen lassen», fuhr er fort. «Wir haben für ihn ein Silbertablett gekauft und unsere Namen eingravieren lassen. War nicht billig, kann ich dir sagen. Ich bin damit losgezogen.» Er schnitt sich mit nachdenklichem Gesicht eine Zigarre an, und ich gab ihm Feuer. «Aber es ist was Komisches passiert. Er wollte es partout nicht annehmen. Er hat mich ganz eigenartig angesehen und gemurmelt: ‹Hab's nicht für Sie, hab's für mich getan.›

Einen Augenblick hab ich wahrhaftig geglaubt, er bricht in Tränen aus. Scheußlich, Alfred, scheußlich.» Die Zigarre schien ihm nicht zu schmecken, er legte sie auf den Aschenbecher.

Eine Pause entstand. Dann erhob sich der Onkel. «Na, dann will ich mal wieder.»

Vater sah mich mit hochgezogenen Brauen an. Ich beeilte mich, in den Stall zu kommen und Onkel Hans' Pferd zu satteln.

2

«*Vier Paar Söckchen*, fünf Paar Kniestrümpfe, ein Paar Halbschuhe», murmelte Mutter vor sich hin und hakte jeden Posten auf einer langen Liste ab, ehe sie ihn in den Reisekorb packte.

Als Quittung für mein Benehmen sollte ich nach Ostern 1935 nun doch in ein Internat kommen. Mutter hatte sich vor allem darüber erregt, daß ich mich ohne ihre Erlaubnis einfach Otto Klose und seiner Jungenschaft bei ihrer Fahrt zum Ritter Kahlebutz angeschlossen hatte. Auch die Jungmädel waren mit von der Partie gewesen. Zwar bestand der Bund bis jetzt aus nur vier Mädchen, aber das störte niemand – im Gegenteil: Jede konnte sich als «Führerin» fühlen, und auch mir gestattete man, das Zeichen dieser Würde, eine grüne Schnur, an die Matrosenbluse zu knöpfen.

Den Ritter Kahlebutz konnte man in einer Kirchengruft besichtigen. Er war einstmal mit einem furchtbaren Fluch belegt worden, so daß er nicht verweste. Beim Anblick der Mumie wurde mir flau. «Betet für die arme Seel' des von Kahlebutz Kampehl!» Das wollte ich gern tun, wenn ich ihn mir nur nicht mehr ansehen mußte.

Mutter, der immer gleich der Massenmörder Hamann im Kopf herumspukte, nahm meinen Ausflug tragischer als Vater. Der wiederum ärgerte sich über meine Unpünktlichkeit und drohte mir, ich würde in Zukunft keinen Nachtisch mehr bekommen. Auch nannte er mich eine verwöhnte Göre, weil ich ständig vergaß, mein Waschwasser auszugießen, worüber sich das Mädchen beschwerte.

Zuerst wollten die Eltern mich an die Ostsee zu Tante Maisi, einer von Mutters Kusinen, schicken. «Du könntest von ihr aus zur Schule gehen. Die Seeluft wäre bestimmt gut für deine Bronchien», schlug Mutter vor. Das war nun ungefähr das Schlimmste, was ich mir ausmalen konnte. Die vierzehn Tage, die ich einmal bei Tante Maisi verbracht hatte, reichten mir. Die unverheiratete Tante war herzensgut, aber mit ihrer Fürsorge konnte sie einen zur Verzweiflung bringen. Die ganze Zeit dackelte sie hinter einem her. «Bist du schon auf dem Klo gewesen? Hast du auch was Warmes unter?» Nein, nur das nicht!

«Nun», sagte Mutter scheinheilig, «wir wollen dich zu nichts zwingen. Unter gleichaltrigen Mädchen würdest du dich vielleicht ja auch wohler fühlen. Du darfst selbst entscheiden.»

Ich trat die Flucht nach vorn an. «Dann will ich ins Internat!» rief ich.

Mutter brachte das Kunststück fertig, daß ich mich sogar darauf zu freuen begann. In Veras Stift sollte ich nicht kommen. Mir war's nur recht, denn nach ihren Schilderungen mußte es da noch zugehen wie in Vaters Kadettenkorps. Große Schlafsäle, Sprechverbot bei den Mahlzeiten und eine hoheitsvolle Äbtissin im knöchellangen schwarzen Kleid, der man nie den Rücken zukehren durfte. Dazu eine vorsintflutliche Schultracht.

«Hätt mir auch gerade noch gefehlt, dich am Hals zu haben», sagte meine Schwester.

«Du bist ja bloß neidisch, weil ihr in euern doofen Kleidern wie Blutwürste ausseht», gab ich ihr's zurück.

Dagegen galt das Pensionat, das man für mich ausgesucht hatte, als fortschrittlich, weil man keine Schultracht zu tragen brauchte und die Briefe ungeöffnet blieben. Außerdem war es kleiner und vor allem billiger, was den Ausschlag gab. Trotzdem versäumte Vater nicht, mich bei einem Spaziergang auf einen frischen Kahlschlag zu führen, auf dem die gefällten Bäume noch kreuz und quer lagen. «Alles für dich, mein Kind!» Dabei waren die Bäume dem Kiefernspanner zum Opfer gefallen.

Während wir im Wohnzimmer saßen und Mutter Namen in meine Wäsche nähte, schilderte sie mir mein zukünftiges Leben in lockenden Farben. «Denk nur an die vielen netten Mädchen, die du kennenlernst, und dann ist doch auch noch Didi da.»

Die Aussicht auf meine ältere Kusine Elisabeth dämpfte meine Vorfreude eher. Mit ihrer Biestigkeit hatte sie uns früher oft genug die Ferien verdorben.

«Die wird sich freuen», warf Vera denn auch prompt ein. «Du bist bestimmt die Dämlichste in der Klasse.»

«Vera», mahnte Mutter.

«Laß dir bloß nicht einfallen, nachts dauernd aufs Klo zu rennen und die anderen zu stören», fuhr meine Schwester unbarmherzig fort. «Möcht nicht wissen, was sie sonst mit dir anstellen.»

«Aber wenn ich muß», wandte ich erschrocken ein.

«Darfste abends eben nichts mehr trinken. Und deinen Bimbo laß auch lieber zu Haus.»

Das traf mich schmerzlich. Der einarmige, schon recht abgeliebte Teddy, dessen Gesicht ich aus einer Laune heraus kahlrasiert hatte, war zum Einschlafen ebenso wichtig wie Mutters Gutenachtkuß.

«Du kannst ja was von deinen Nippes mitnehmen», schlug Vera großmütig vor.

Dann war es soweit. Vater fuhr Mutter und mich mit dem Jagdwagen zur Kleinbahn. Unterwegs begegneten wir Bruno. Er brachte gerade seine Ziege zum Bock. «Machste los?» rief er mir zu. Eine weitere Verständigung war nicht möglich, denn die aufgeregte Ziegenbraut zerrte ihn meckernd in wilden Sprüngen hierhin und dorthin. «Willste woll, du Aas!» hörte ich ihn noch schreien, dann bogen wir ins Luch ein. Die Kiebitze jagten über die Wiesen, und ein kräftiger Westwind wehte vom Rhin her und riß an unseren Decken.

Als ich mich auf der Kleinbahnstation erst von den Pferden – «Kind, mach dich doch nicht gleich wieder schmutzig!» – und dann von Vater verabschiedete, kippte meine Stimme bedenklich.

«Nur keinen Seelenmatsch.» Vater machte ein unbehagliches Gesicht. «Weihnachten steht ja schon vor der Tür.»

«Wirklich, Alfred!» Mutter suchte nach ihrem Portemonnaie.

In der Kreisstadt stiegen wir in den D-Zug nach Berlin um, und auf dem Stettiner Bahnhof, von wo aus die Fahrt weitergehen sollte, setzten wir uns zum zweiten Frühstück in den Wartesaal. Mutter erlaubte mir gnädig, selbst etwas auszusuchen. «Aber keine Lampreten!» Die waren auf der Speisekarte sowieso nicht zu finden. Nach langem Überlegen entschied ich mich für eine Bockwurst, und Mutter wählte eine Königinpastete, über die sie allerlei Essenzen aus kleinen Fläschchen goß.

«Ellbogen vom Tisch, und nicht mit offenem Mund gekaut!» kommandierte sie automatisch, während sie interessiert zum Nachbartisch hinüberblickte, an dem eine einzelne Dame mit einem Mädchen in meinem Alter saß. «Irgendwie kommt sie mir bekannt vor», überlegte Mutter laut. «Jedenfalls sieht sie todanständig aus.»

Die todanständige Dame trug wie Mutter ein unauffälliges Schneiderkostüm im Fischgrätenmuster, darunter eine Hemdbluse mit Hirschhakennadel. Als bei einer Bewegung etwas Silbernes an ihrem Revers aufblitzte, geriet Mutter ganz aus dem Häuschen. «Kuck nur, ein Mädchen aus meinem Stift!»

Sie erhob sich. «Mutter!» flehte ich, tödlich verlegen, «Mutter!» Aber sie ließ sich nicht bremsen. Mit mir im Schlepptau segelte sie auf die fremde Dame zu. Die blickte zunächst ein wenig erstaunt, aber als sie das Stiftsabzeichen bei Mutter entdeckte, verklärte sich ihr Gesicht.

«Nein, so was! Sie auch? Welcher Jahrgang denn?»

Man stellte sich vor. «Das ist meine Viktoria. Wie schön, daß unsere Mädchen in dieselbe Schule kommen, dann können sie sich jetzt schon ein bißchen anfreunden.»

Doch damit hatten wir es nicht eilig. Unsere Mütter waren längst beim Du und in Erinnerungen versunken – «Wie hieß nur gleich die Lehrerin, die bei der Morgenandacht mit dem Klaviersessel zusammengekracht ist?» –, da schwiegen wir uns noch immer an. Wir schoben die Pfeffer- und Salzstreuer hin und her und musterten uns verstohlen. In unseren Schottenkleidern mit den weißen Kragen sahen wir wie Geschwister aus. Aber Viktoria war niedlicher als ich. Ihr rundes Gesicht mit den großen, nahe beieinanderstehenden grauen Augen glühte, als käme sie geradewegs aus einer Backstube, und dichtes, blondes Haar ringelte sich über Stirn und Schläfen. Sie warf den rechten Zopf zurück und zeigte mir stolz einen Ohrring mit rotem Stein.

«Viktoria», sagte ihre Mutter, «ich hab dir's schon mal gesagt, mach endlich diese ordinären Dinger ab!» Und zu Mutter gewandt: «Ihr heißgeliebter Onkel hat sie ihr auf dem Schützenfest geschossen.»

Mutter meinte: «Warum seht ihr beiden euch draußen nicht ein bißchen um? Es ist Zeit genug.»

Wir holten unsere Mäntel vom Garderobenständer, und ich hörte Mutter noch sagen: «Bestellen wir uns was Ordentliches zu trinken. So was muß gefeiert werden.»

Wir schoben uns durch die Drehtür nach draußen. Schweigend gingen wir nebeneinander auf dem Bahnsteig entlang, zwei ernste kleine Mädchen, die ihre frischbesohlten Sonntagsschuhe bedächtig Schritt vor Schritt setzten, bis die Plattform zu Ende war und sich die Schienen zwischen rußgeschwärzten Mietshäusern verloren. Der klagende Pfiff einer Lokomotive schnitt uns ins Herz.

«Habt ihr schon Lupinen gedrillt?» fragte Viktoria etwas weinerlich.

«Haben wir», schnüffelte ich.

Allmählich wurden unsere Gespräche lebhafter. Kaninchen? Tauben? Fächertauben, darüber waren wir uns einig, sahen hübsch aus, waren aber nicht eßbar und daher schlecht zu verkaufen. Meerschweinchen waren nützlich, um Ratten von den Ställen fernzuhalten.

Viktoria holte zwanzig Pfennig aus der Tasche, und wir zogen aus einem Automaten eine Rolle Pfefferminz, aus einem anderen einen Riegel Schokolade und lutschten beides auf einmal, was unser Heimweh linderte. Als wir in den Wartesaal zurückkehrten, waren unsere Mütter gerade beim Zahlen.

Das Internat befand sich in einer mittelgroßen Stadt nördlich von Berlin und lag etwas außerhalb, in der Nähe des Stadtwaldes. Im Flur der altmodischen, mit vielen Zinnen und Türmchen verzierten Villa roch es nach Bohnerwachs und Bratfisch. Ein Hausmädchen nahm uns das Gepäck ab und führte uns ins Empfangszimmer, wo schon andere Mütter mit ihren Töchtern saßen. Mutter war ziemlich aufgeregt. Sie glättete meinen Kragen und schob meine Zopfspangen hoch. «Mach den Mund zu!» Dann wurden wir von der Vorsteherin ins Direktionszimmer gebeten. Ihre Figur, viel Busen und eine kräftige Kruppe, täuschte

Mütterlichkeit vor, aber als ich ihre Stimme hörte, wußte ich, was die Glocke geschlagen hatte.

«Haben Sie noch etwas auf dem Herzen?» fragte Fräulein von Rembold abschließend. Das hatte Mutter. «Könnte meine Tochter nicht vom Frühsport dispensiert werden?» fragte sie mutig. «Der Arzt meint, ihr Herz ist nicht mitgewachsen, und außerdem . . .» Wer Mutter so reden hörte, mußte den Eindruck gewinnen, nichts an mir sei heil, außer der Zunge vielleicht.

Fräulein von Rembold lauschte Mutters weitschweifigen Schilderungen meines körperlichen Zustandes mit wachsendem Unmut. Ihrem Gesicht war anzusehen, was sie von Müttern im allgemeinen und von meiner im besonderen hielt. «Wir können ihr schließlich nicht das Frühstück ans Bett servieren», unterbrach sie abrupt Mutters Redefluß. Mutter geriet aus dem Konzept. Hilflos sah sie mich an. Sie wußte nicht mehr weiter. Vor meinen Augen zerbrach meine Stütze, mein Stab.

Die Vorsteherin stand auf. «Machen Sie sich keine unnützen Sorgen. Wir werden schon gut auf Ihr Töchterchen aufpassen.»

Mutter verabschiedete sich hastig von mir. «Also, dann auf Wiedersehen, mein Kind, wir sehen uns ja morgen.» Weg war sie, und ich war Fräulein von Rembold allein ausgeliefert. Sie betrachtete mich ohne Sympathie. «Eine Zahnspange hätten sie dir wenigstens verpassen können. Deine Zähne sehen ja furchtbar aus.» Sie schob mich hinaus.

Ich stand unschlüssig zwischen anderen, ebenso verdatterten Mädchen herum, da tauchte Elisabeth auf.

Wie ein Engel schwebte sie die Treppe herunter auf mich zu: «Ach, da ist ja mein kleines Kusinchen.» Sie behandelte mich, als hätte ich gerade erst laufen gelernt, und nahm mich mit zuckrigem Lächeln bei der Hand. «Ich soll dir dein Zimmer zeigen.» Sie führte mich in ein Dreibettzimmer, das wie die anderen von einem langen Flur abging. Als ich mit ihr allein war, verwandelte sie sich wieder in die Elisabeth, die ich kannte, und nahm mir als erstes den Kofferschlüssel ab.

«Ich möchte mit Viktoria zusammenbleiben», sagte ich.

«Wer fragt denn dich? Wer ist das überhaupt?»

«Ich hab sie im Wartesaal kennengelernt.»

Meine Kusine hörte schon nicht mehr zu. Sie hatte sich auf meinen Koffer gestürzt und durchwühlte meine Sachen. «Hoffentlich habt ihr mir was mitgebracht.» Gierig machte sie sich über Mamsells Plätzchen und Sahnebonbons her. «Ist sowieso verboten», sagte sie mit vollem Mund, «muß abgegeben werden. Nach dem Essen bekommst du jeden Tag ein Häppchen zugeteilt.»

Am liebsten hätte ich ihr einen Tritt versetzt, aber ich war so eingeschüchtert von der neuen Umgebung, daß ich nur fragte: «Wie ist es denn hier so?»

«Du wirst dein blaues Wunder erleben», prophezeite Didi genüßlich.

Ein Gong ertönte. Jemand rief «*Vite! Vite!*», und wir rannten die Treppe wieder hinunter in den Eßraum. «Du sitzt neben Fräulein von Rembold.» Elisabeth grinste schadenfroh. «Na, dann unterhalt dich man schön!»

Mit einem Schlag wurde es totenstill. Die Vorsteherin kam mit anderen Lehrerinnen herein. In tiefem Schweigen löffelten wir eine klumpige Grießsuppe. Als Fräulein von Rembold mich fragte: «*Avez-vous fait un bon voyage?*» wurde mir die Stille im Speiseraum klar. Es war Französisch-Tag! Ich suchte nach einer Antwort, aber mein Gehirn hatte nur Schnickschnack gespeichert. «*Ne voulez-vous promener* mit mir in die Boomallee?» – und: «*Le bœuf*, der Ochs, *la vache*, die Kuh, *fermez la porte*, die Tür macht zu.»

Die Vorsteherin runzelte die Stirn: «Ich denke, du hast Französisch gehabt? Da müssen wir dich wohl eine Klasse zurückstufen.»

Nach dem Mittagessen durften wir unsere Sachen fertig auspacken. Danach machte ich mich auf die Suche nach Viktoria. Ihr Zimmer war am Flurende, hieß «Die Kemenate» und hatte sogar einen Balkon. Dort saß sie auf einem schon recht ramponierten Korbstuhl und besah sich ein Album mit Bildern von zu Haus.

«Laß mal sehen.» Ich hockte mich neben sie, und sie erklärte mir ihre Familie. «Mama kennst du ja. Der da auf dem Pferd ist mein Vater und hier . . .» sie blätterte um, «die ganze heilige Familie: Rabanus, Luise, Konrad und ich.»

Ich tippte mit dem Finger auf einen Setter. «Schöner Hund. Habt ihr ihm auch ordentlich auf die Nase gespuckt, dann bleibt er nämlich treu!»

«Der schon.» Sie fing an zu kichern. «Weißte, Rabanus hat mal was mit der Lehrersfrau gehabt, und einmal kam der Hund, und an seinem Halsband steckte ein

Zettel. Mutter hat ihn abgemacht und vorgelesen. Da war vielleicht was los!»

«Was stand denn drauf?»

«Der Hund ist treuer als sein Herr! Er gehört nämlich Rabanus.»

Ich sah Viktoria bewundernd an. Die schien sich schon in solchen Sachen auszukennen.

Wieder rief man nach uns. «Los, los, Beeilung, holt eure Mäntel!» Wir hetzten den Flur entlang und die Treppe hinunter.

«Was passiert denn jetzt?» fragte Viktoria und schoß aufgeregt hin und her, weil sie ihren Mantel nicht gleich fand.

«Wir gehen Brennball spielen», erklärte man uns.

«Wer hat noch keinen Mann?» riefen die «Alten» sich auf dem Flur zu.

«Einen was?» Ratlos sah ich mich um.

«Das nennen wir hier so. Wir gehen immer paarweise.» Während sich um Viktoria gleich zwei Mädchen rissen – «Ist die nicht süß, die Kleine?» – schien auf mich niemand wild zu sein. Bis zum Schluß stand ich verloren herum und mußte mich zuletzt der Lehrerin anschließen, die mir hocherfreut gleich ihren Mantel und die Schlagstöcke zu tragen gab.

In scharfem Tempo, so daß ich nach zehn Schritten Seitenstechen bekam, liefen wir durch den Wald. Jungen aus der Stadt begleiteten uns ein Stückchen auf ihren Fahrrädern und bedachten uns mit flotten Sprüchen. Auf einer Lichtung machten wir halt. Zwei Mannschaften wurden gewählt, Schlagstöcke und Bälle verteilt und uns

Neuen die Spielregeln erklärt, die ich nur halb verstand. Ich bekam einen Ball zugeworfen, aber soviel ich mich auch abmühte, ich schlug jedesmal daneben, während Viktoria sich sehr geschickt anstellte. Didi, zu deren Mannschaft ich gehörte, stampfte wütend mit dem Fuß auf. «Mit so was ist man nun verwandt!»

Beim Abendbrot saß ich nicht mehr neben der Vorsteherin. «Die kann nun mal so unsportliche Typen wie dich nicht leiden», meinte Didi.

«Quatsch nicht so blöd», sagte der Tischdienst.

Nach dem Essen mußten wir die Tische zusammenschieben und mit unseren Stühlen einen Kreis bilden. Wie Küken um eine künstliche Glucke scharten wir uns um Fräulein von Rembold, die aus Wilhelm Raabes «Hungerpastor» vorlas. Niemand muckste sich oder wagte zu flüstern. Eine Stricknadel fiel zu Boden. «Raus!» Fräulein von Rembold hielt es nicht einmal für nötig, den Kopf zu heben. Dann mußte eine zweite den Raum verlassen, weil sie ihren Hustenreiz nicht unterdrücken konnte. «Husten ist reine Anstellerei», erklärte die Vorsteherin, «eine besonders penetrante Art, auf sich aufmerksam zu machen.»

Endlich schickte man uns ins Bett. Das Einschlafen fiel mir schwer. Bevor man uns das Licht ausgedreht hatte, waren sämtliche Klos besetzt gewesen, und jetzt traute ich mich nicht, noch einmal aufzustehen. Mein Selbstbewußtsein hatte einen gründlichen Dämpfer bekommen. Ich konnte die Hungerharke fahren, einen Kater von einer Katze unterscheiden, eine Holzmiete setzen, Kartoffeln mit dem Pflug anhäufeln, meine

Fahrradreifen flicken und freihändig jeden Berg hinunterradeln. Und was war das wert? Nichts! Meine Tränen tropften auf das Kopfkissen. Ich kroch unter die Bettdecke und schneuzte mich in Billis abgelegtes Nachthemd. Im Zimmer war es hell. Aber es war nicht der Mond, der hereinschien, sondern das ungewohnte Licht von Straßenlaternen.

Nach und nach brachte mir die Phantasie die vertraute Umgebung zurück. Ich lag wieder in Vaters Leutnantsbett mit den Messingstäben. Mir gegenüber hing das Bild des pflügenden Bauern. In der Ecke stand der braune Kachelofen, und in den Regalen schliefen meine Puppen. «Komm, Olle, komm!» hörte ich im Traum Frau Trägenapp nach ihren Kühen rufen ...

Als ich am nächsten Morgen aufwachte, zogen sich die anderen schon für den Frühsport an. In der zweiten Schulstunde trabten wir dann zum Unterricht in die Turnhalle der Mädchenoberschule. Von Sport schien man hier viel zu halten. Die Lehrerin, eine Dame hoch in den Siebzigern, mit kurzem, schwarzem Flatterröckchen über mageren Greisinnenbeinen, schmetterte mir den Medizinball in den Magen, daß ich stöhnend in die Knie ging. «Bißchen schlapp, was?» rief sie fröhlich. Auch beim Geräteturnen kam ich nicht besser weg. Zu Haus war ich auf die höchsten Bäume geklettert, aber an der Sprossenwand hing ich wie eine flügellahme Fledermaus.

Endlich war der Nachmittag gekommen. Ich durfte mit Elisabeth in der Konditorei des Städtchens Abschied von Mutter feiern. «Wie macht sie sich denn so?» fragte

Mutter meine Kusine in besorgtem Ton, als sei ich gar nicht vorhanden. Didi hatte wieder ihr engelhaftes Wesen angelegt. «Es wird schon werden», flötete sie und machte ein Gesicht, als wollte sie mir über den Kopf streicheln.

«Ist sie etwa unangenehm aufgefallen?»

«Ein kleiner Tolpatsch war sie ja immer.» Didi schlang ein großes Stück Nußtorte in sich hinein. Eine ungeheure Wut stieg in mir auf. Was bildete sich diese dumme Kuh eigentlich ein!

«Wenn du's genau wissen willst, ich kann dieses blöde Spiel nicht», schrie ich.

«Pst, pst!» Mutter sah sich geniert um. «Du wirst es bestimmt lernen. Du mußt dir eben Mühe geben. Was denn überhaupt für ein Spiel?»

«Brennball», erklärte meine Kusine. «Sie begreift es nicht. Dabei ist es wirklich kinderleicht.»

Ehe Didi sich's versah, hatte ich sie gepackt und mit der Nase in die Schlagsahne gedrückt. Ein älteres Ehepaar blickte indigniert zu uns herüber, und ein Mädchen, das mit seiner Mutter am Nachbartisch saß, stand auf und reckte den Hals.

Die Kellnerin brachte auf Mutters Wink ein weiteres Stück Torte als Trost für das angegriffene Kusinchen und war ganz Mitgefühl für Mutter, die rot geworden war und sie verlegen ansah.

«Hab selbst eine in dem Alter.» Sie deutete mit dem Bleistift auf mich. «Erst treten sie einem auf den Schoß und dann aufs Herz!»

«Mein armes, armes Kind», seufzte Mutter.

3

Die Umstellung war hart. Ich vermißte meine Eltern, Mamsell und unseren Bernhardiner Möpschen, der gern nachts auf sachten Pfoten in mein Zimmer getappt war und es sich an meinem Fußende gemütlich gemacht hatte, was Mutter gar nicht schätzte. «Ein Bernhardiner im Bett, das geht nun wirklich zu weit!» Ich sorgte mich um meine Kaninchen. Wer würde jetzt für sie Hafer klauen, den sie so gern fraßen?

Der streng geregelte Tagesablauf kniff mich wie ein zu enges Kleid. Anstatt mit meinen Dorffreunden durch Luch und Wald zu streifen oder Fischer Brümmerstedt zu ärgern, mußte ich am Nachmittag zwei Stunden unter Aufsicht – «Deinen Bleistift hast du nun lange genug angespitzt!» – Schularbeiten machen oder spazierengehen oder Brennball spielen. Der ungewohnte Frühsport machte mich so müde, daß ich bei der Morgenandacht fast einschlief. Nur stockend, mit langen Pausen konnte ich die am Vorabend gelernten Strophen eines Kirchenliedes hersagen, wenn ich aufgerufen wurde, und Fräulein von Rembold sagte, von Adel als Elite könne man ja bei uns sowieso nicht mehr sprechen, aber bei meiner Dämlichkeit, da fehlten einem direkt die Worte.

Auf einem Spaziergang fand ich eine niedliche kleine

Ringelnatter. Ich steckte sie in die Manteltasche, um sie Viktoria zu zeigen, die mit einem verstauchten Knöchel im Bett lag. Dummerweise vergaß ich die Schlange, und sie machte sich selbständig. Sie ringelte sich den Flur entlang, und die Englischlehrerin stolperte vor Schreck und verrenkte sich das Knie. Sie schrie laut: «Eine Kreuzotter, eine Kreuzotter!» Es gab einen ziemlichen Aufstand. Ich wurde in das Zimmer der Vorsteherin zitiert. Das Kinn auf die gefalteten Hände gestützt, fixierte Fräulein von Rembold mich gnadenlos, und die Angst stülpte sich über mich wie die Chloroformmaske vor meiner Blinddarmoperation.

«Wir sind hier weder in einem Kinderheim noch in einem Kindergarten», zischte sie mich an, und das Wort «Kind» schien sie mit Abscheu zu erfüllen. «Wenn man sich so kindisch benimmt wie du, dann wird man auch danach behandelt. Ins Kino kommst du am Sonntag jedenfalls nicht mit.»

Ich schlich aus dem Zimmer. So wie ich mußte sich Trägenapps Promenadenmischung gefühlt haben, als er seiner neuen Besitzerin, die Trägenapp das «süße Tierchen» abgekauft hatte, voll arglosem Stolz eine tote Katze apportierte und dafür Prügel bezog.

Gleich in den ersten Wochen wurde ich krank. Heftige Ohrenschmerzen trieben mich in die Höhle des Löwen. Die Vorsteherin sah mich an, als litte ich unter Verfolgungswahn. Krank, in dem Alter? Das hatte ja direkt was Ungehöriges. Zum Glück hatte mir Mamsell vorsorglich ein Fläschchen Gewehröl eingepackt, das ich mir in die Ohren träufelte. Neben Melkerfett war «Ballistol» unser bewährtes Hausmittel, das ebenso gut war gegen Blattläuse und Stachelspanner wie gegen Sonnenbrand, Frostbeulen, Insektenstiche und Ohrenzwang.

Als Fräulein von Rembold nach ihrem Studium den Entschluß faßte, ein Internat aufzumachen, hatte sie wahrscheinlich wenig Ahnung, was es hieß, tagtäglich mit einer Mädchenherde zusammengesperrt zu sein. Zwar war sie eine gute Lehrerin, und an dem Lehrstoff in Deutsch und Geschichte, den sie ihren Zöglingen Jahr für Jahr vorkaute, begeisterte sie sich immer von neuem. Aber ihr Verständnis für das seelische Durcheinander heranwachsender Mädchen war mehr und mehr geschrumpft. Ihre Erziehungsregel Nummer eins war nun: «Immer noch eins drauf!» Wer in ihrer Gunst stand, durfte sich allerhand herausnehmen, aber man tat gut daran, sich nicht zu sicher zu fühlen. Ihre Sympathien wechselten rasch.

Sie war eine widersprüchliche Natur, die selbständiges Denken verlangte – «Gebrauch gefälligst deinen eigenen Kopf, anstatt jeden Unsinn nachzuplappern!» –, aber bei jeder Widerrede in Rage geriet – «Schlimmer als ein Kommunist!» Sie verehrte den Kaiser, dem wir zum Geburtstag ins Exil nach Doorn schreiben mußten, schätzte Brecht und Wedekind und wehrte energisch die gegen ihre Mädchenburg anbrandende Flut angeblicher Vettern und Brüder ab. Wir hörten ungläubig, daß sie nackt in der Ostsee badete. Viktoria, die überall herumwuselte, hatte diese kolossale Neuigkeit mit in den Schlafraum der Jugendherberge gebracht, in der wir nach einem Klassenausflug übernachteten.

«Viktoria, du spinnst.»

«Ehrenwort, hab's selbst gesehen.»

Ihr Hofstaat bestand vorwiegend aus Mädchen der Oberklassen, mit denen sie mehr anzufangen wußte. Sie durften sie in ihrem Zimmer besuchen und sogar Punsch mit ihr trinken. Mit uns Kleineren verlor sie schnell die Geduld. Wenn ihr gerade danach war, ließ sie ihre Launen auf uns los, daß uns Hören und Sehen verging. Wie zitternde Schafe im Schneesturm drängten wir uns zusammen, und jede Rivalität in der Klasse war weggefegt. Dazwischen gab es aber auch windstille Zeiten, in denen sich unsere Gemüter wieder erholen konnten.

Trotz und vielleicht gerade wegen dieser ungewohnten und verwirrenden Behandlung war Fräulein von Rembold unsere Sonne, um die wir von früh bis spät kreisten. Jedes Kleid, das sie trug, jede Bemerkung wurde wichtig genommen. Gelegentlich kam eine «Ehemalige» zu Besuch und schwärmte von den schönen Zeiten und was ihr Fräulein von Rembolds Erziehung fürs ganze Leben mitgegeben habe, und die von ihr besonders hart Traktierten schwärmten am meisten.

Im Gegensatz zu mir hatte sich meine neue Freundin Viktoria rasch eingelebt. Sie mußte mich oft trösten, wenn ich, vor Niedergeschlagenheit Nägel kauend, auf meinem Bett saß. Fröhlich hüpfte sie von Zimmer zu Zimmer und war überall beliebt, wozu auch ihr größter Schatz, ein grünes Koffergrammophon, nicht unwesentlich beitrug.

«Wohl wieder ein Geschenk von deinem spendablen Onkel», sagte ich neidisch. Onkel Hans rückte keinen Groschen heraus, wenn ich im Winter sein Pferd bei uns auf dem Hof herumführen mußte. Ich durfte mir. unbelohnt die Zehen abfrieren, während er mit Vater im warmen Wohnzimmer saß und Wein probierte. «Bißchen erdig im Geschmack, Alfred, aber nicht schlecht.»

Viktoria war auch gleich aufgefordert worden, dem Klub der «Foxis» beizutreten. Die Foxis, die ihren Namen von «Fox Tönende Wochenschau» ableiteten, waren lustig und einfallsreich und führten immer neue, in unseren Augen umwerfende Sitten ein: Sie zogen mit dem Zeigefinger einen Mundwinkel nach oben, wenn sie über etwas lachen sollten, was sie nicht komisch fanden, und färbten sich das rechte Ohrläppchen mit roter Tinte. Es galt als Auszeichnung, dieser Clique anzugehören, und ich beneidete Viktoria glühend.

Mit Fräulein von Rembold kam sie gut zurecht. Sie wußte sie zu nehmen, und ihre Stimmungen scherten sie wenig. «Vielleicht ist sie ja in den Wechseljahren.» Davon hatte ich noch nie gehört. Aber was das war, konnte mir meine Freundin auch nicht so richtig erklären.

Während ich dauernd etwas umwarf oder stolperte, bewegte sich Viktoria wendig wie ein Pferd, das viel durch Unterholz geritten wird, über die engen Flure, ohne jemanden anzurempeln oder sich, wie ich, an Klinken und Kleiderhaken zu stoßen.

In unserem Zimmer hatte ich nichts zu melden, da führte Saskia das große Wort. Dieses Mädchen mit dem ausgefallenen Namen trug als einzige aus der Klasse das Haar kurz geschnitten und besaß bereits einen Strumpfhaltergürtel, während ich mir meine Baumwollstrümpfe noch an ein Leibchen knöpfte. Sie konnte Schlager auf zwei Fingern pfeifen und sogar steppen. Von London und New York sprach sie wie wir von unseren Kreisstädten. «Meine Großmutter ist nämlich Amerikanerin.» Sie sah Uta, die dritte Zimmergenossin, herablassend an. «Du bist bestimmt aus deinem Kuhdorf noch nie herausgekommen.»

Ich war wenigstens schon zweimal in Berlin gewesen, aber Uta kannte nur, was im Umkreis von fünf Kilometern um das elterliche Gut lag. Immerhin hatte sie in einem Hotel übernachtet, als ihre Mutter sie mit dem Auto ins Internat brachte.

«Christliches Hospiz», sagte Saskia verächtlich, «wenn ich so was schon höre.» Ihre Eltern waren stets mit ihr in den ersten Hotels abgestiegen, und sie hatte einen kleinen Pagen ganz allein für ihre Bedienung gehabt.

«Wirklich aufregend, diese Saskia», befand die Klasse. Und dazu war sie auch noch somnambul!

«Was is'n das?» fragte ich.

Saskia sah mich mitleidig an. «Das weißt du nicht? Ich schlafwandle.»

Da Saskia für mich als Freundin ein unerreichbarer Stern blieb, schloß ich mich notgedrungen Uta an. Die stand in der Klassenhierarchie auf der untersten Stufe und ließ sich alles gefallen, sogar, daß ich sie deckelte.

Uta war einziges Kind und unselbständig wie eine Dreijährige. Sie konnte nicht einmal ihre Schulbücher allein einbinden. Bei Klassenfahrten packte sie ihren Rucksack so ungeschickt, daß er wie ein großer Ball von ihrem Rücken abstand und bei jeder Bewegung alles, was hinter oder neben ihr ging, zur Seite fegte. Sie war chronisch erkältet und hatte eine unreine Haut. Manchmal, wenn sie wieder nach Kräften aufgezogen worden war und auch ich auf ihr herumgehackt hatte, hielt sie abends im Bett Selbstgespräche, und ihre Tränen vermischten sich mit dem Schwefelpuder, den sie gegen ihre Pickel benutzte. Dann tat sie mir leid, und ich schämte mich.

An einem trübseligen, verregneten Sonntag waren wir beide wieder an der Reihe, bei Tisch neben der Vorsteherin zu sitzen. Die Art und Weise, wie Fräulein von Rembold in ihrem Salat herumstocherte, ließ nichts Gutes ahnen. Während der Nachtisch gereicht wurde, stieß Uta ihr Wasserglas um. Fräulein von Rembold sah schweigend zu, wie sie sich ungeschickt bemühte, das Wasser mit der Serviette aufzunehmen. Dann lehnte sich die Vorsteherin zurück und brach Uta den kläglichen Rest ihres Selbstvertrauens so beiläufig wie eine Scheibe Brot. Ohne die Stimme zu heben, tadelte sie ihre Leistungen, ihre Vergeßlichkeit, ihre Manieren. Uta begann zu weinen. Es wurde still im Speisesaal. Nur noch die Stimme der Vorsteherin war zu hören. Als sie es merkte, stieg ihr eine leichte Röte ins Gesicht. Sie beherrschte sich wieder und hob die Tafel auf.

Etwas später bekam ich den Auftrag, ihr ein Buch ins Privatzimmer zu bringen. Ich klopfte und trat ein, ohne auf ihr Herein zu warten. Sie stand vor ihrem großen Eckspiegel und starrte hinein. Etwas in ihrer

Haltung erinnerte mich an unseren Bernhardiner, wenn man nicht recht wußte: schnappt er gleich nach einem oder braucht er Trost. Sie bemerkte mich nicht, und ich hütete mich, sie anzusprechen. Auf Zehenspitzen verließ ich das Zimmer.

Am nächsten Tag war Uta weg. Sie hatte sich das Fahrrad des Dienstmädchens geschnappt und war, ohne vorher einen Koffer zu packen, zum Bahnhof geradelt. Die Lehrerinnen verloren kein Wort darüber, und wir wagten nicht zu fragen.

Drei Wochen später vertrieben wir uns wieder einmal den Sonntagnachmittag bis zum Abendbrot im Klassenzimmer, das uns gleichzeitig als Aufenthaltsraum diente. Wir lasen, spielten Karten oder führten Buch über unser monatliches Taschengeld von fünf Reichsmark. Um die Zeit totzuschlagen, blödelten wir herum: «Wann lebte Gottfried von Bouillon? – Wenn er nichts anderes hatte.» Eine der Foxis kam auf die Idee, nachzumachen, wie Fräulein von Rembold uns die «Mondscheinsonate» vorspielte. Mit halbgeschlossenen Augen, den Mund gespitzt, als ob sie pfeifen wollte, ließ sie die Hände mit übertriebenen Kopfbewegungen über imaginäre Tasten gleiten. Wir schrien vor Begeisterung. Sie wurde noch von Saskia übertroffen, die behauptete, sie könne hypnotisieren, und bei Viktoria gleich damit anfangen wollte. Jemand kam die Treppe herauf. «O Gott, das wird die Rembold sein.» Wir sahen ängstlich zur Tür. Aber herein kam nicht die Vorsteherin, sondern Uta.

«Du?» Wir starrten sie an.

«Nee, mein Geist!» Sie zog sich den Mantel aus und warf ihn über einen Stuhl. Ihre Nase lief nach wie vor, und die Pickel glühten in ihrem Gesicht, aber sonst wirkte sie erstaunlich unbekümmert.

«Hat deine Mutter dich hergebracht?»

«Ja, aber die ist im Hotel geblieben. Ich wollte allein herkommen.»

Wir drängten uns um sie. «Erzähl mal.»

Gegen Utas Erlebnisse schienen uns Marco Polos Abenteuer bescheiden. Zuerst einmal hatte ihr Geld nicht für den D-Zug gereicht, und sie mußte in Bummelzügen – «Sechsmal umgestiegen!» – bis an die äußerste Grenze Ostpreußens fahren. Dann war auf einem Bahnhof eine Messerstecherei gewesen, und ein Mann war verhaftet worden. In ihr Abteil war außerdem ein Liebespaar zugestiegen, das mehr getan hatte, als sich nur zu küssen.

«Was?» fragten wir begierig.

«Er hat ihr die Bluse aufgeknöpft.»

Wir sahen uns an. «Warum das denn?»

Während der Zug durch den Polnischen Korridor fuhr, hatte der Schaffner die Vorhänge zugezogen, wie es Vorschrift war.

«Plötzlich ging das Licht aus. Der Waggon hielt mit so einem Ruck, daß mir der Koffer runterflog. Draußen schrien sie: ‹Ihr verfluchten Ääster!›» Uta machte eine wirkungsvolle Pause.

«Waren die Polen hinter jemand her?» fragten wir gespannt.

«Nee, ein paar Kühe standen auf den Gleisen!»

Zum Schluß mußte sie in die Kleinbahn umsteigen, und die letzten Kilometer hatte sie sogar zu Fuß zurückgelegt. Dem Inspektor war die Zigarre aus dem Mund gefallen, als er sie, vom Regen durchweicht, auf den Hof schleichen sah. «Erbarmen, die Baroneß!»

«Haben deine Eltern geschimpft?»

Sie schüttelte den Kopf. «Sie haben mich ins Bett gesteckt, ich hab fürchterlich gehustet.»

Ihre Mutter wollte sie dabehalten, aber ihr Vater hatte gesagt: «Wenn du jetzt kneifst, scheust du vor jedem Hindernis.» Und dann hatte er die Mutter an das Kutschpferd erinnert, das dem Schlachter verkauft werden mußte, weil es keinen Schritt mehr vom Hof tat, seitdem es in der Einfahrt von einem Trecker angefahren worden war.

«Sieh mal an, die Ausreißerin!» Fräulein von Rembold war unbemerkt hereingekommen. «Warum hast du dich nicht zurückgemeldet, wie es sich gehört?»

Uta sah die Vorsteherin furchtlos an. Ihre Blicke maßen sich. Wir warteten atemlos, aber nichts passierte. Die Vorsteherin wandte sich wieder zum Gehen. «Räumt mal gefälligst auf», sagte sie nur, ehe sie den Raum verließ.

«Mein Vater sagt immer, man muß dem Tiger fest ins Auge sehen», triumphierte Uta.

«Vielleicht war er ja nur satt oder hat sich an Mädchen deiner Sorte überfressen», meinte Saskia ironisch.

Was auch die Gründe sein mochten, Uta wurde jedenfalls von Fräulein von Rembold in Ruhe gelassen, und durch ihre Flucht war ihr Ansehen in der Klasse so gestiegen, daß man sie sogar bei den Foxis aufnahm. Dafür hatte es die Vorsteherin jetzt auf den Stern Saskia abgesehen. «Solche Kinkerlitzchen verbitte ich mir», donnerte sie die «Somnambule» an, als die in ihrem schicken Bademantel nachts den Flur entlang wandelte. Sofort erwachte Saskia aus ihrer Trance und floh in ihr Bett zurück.

4

Meine ersten Ferientage, die ich so herbeigesehnt hatte, wurden eine Enttäuschung. «Da bist du ja», war alles, was Vater zur Begrüßung sagte. «Kannst mir gleich beim Kulturenhacken helfen», fügte er noch hinzu.

Als er mein Gesicht sah, lenkte er ein: «War ja nur ein Scherz. Nun iß mal erst einen Happen.»

Für meine Erlebnisse in der Fremde zeigte niemand so recht Interesse. Dabei steckte ich voll aufregender Geschichten wie ein Rehbock voller Zecken. «Stellt euch vor», legte ich beim Mittagessen los, «eine aus meiner Klasse benutzt Lippenstift und Puder, und einen Freund hat sie, einen Forsteleven! Fräulein von Rembold hat gesagt, sie ist für uns schon zu weit, und nun muß sie in ein anderes Internat.»

Unter Vaters mißbilligenden Blicken nahm ich mir zum drittenmal eine große Portion der lang entbehrten Zitronencreme.

«Wißt ihr, was am 10. November los ist?»

«Was nicht angebunden ist», sagte Vera.

Aber ich ließ mich nicht aus dem Konzept bringen. «Am 10. November 1914 war die Schlacht von Langemarck, da ist der Verlobte von Fräulein von Rembold gefallen, und seitdem trägt sie immer Schwarz an diesem Tag.»

Die Familie sah mich an. «Hat dieses Kind früher schon soviel geredet?» fragte Vater.

Ich zeigte stolz mein Internatsabzeichen herum. «Wie hübsch, mein Kind», sagte Mutter. Aber als ich anfing, von der Verleihungsfeier zu berichten und sämtliche Abzeichenlieder aufzuzählen, die man dafür lernen mußte, schnitt sie mir kurzerhand das Wort ab. «Hab ich dir schon erzählt, Alfred, was ich neulich auf Tante Monikas Nachttisch entdecken mußte? Ein Führerbild! Was sagt man dazu?»

«Ja, ja, diese Nonnen», meinte Vater geistesabwesend.

«Nonnen?» rief Mutter. «Du könntest wirklich allmählich wissen, daß Tante Monika Diakonisse ist. Wir sind eine rein evangelische Familie!»

Das braune Fieber hatte begonnen, auch in der Verwandtschaft zu grassieren, was an den Familientagen zu heftigen Auseinandersetzungen führte. «Man muß mitmachen, um die guten Kräfte zu fördern, ist das so schwer zu begreifen?» Man hatte sich kräftig in den Haaren. Unterdessen schmolz das in Wappenfarben gehaltene Eis ungerührt dahin, und fast wäre darüber der traditionelle Toast auf Seine Majestät vergessen worden. Onkel Hans umkreiste einen entfernten Vetter, über dessen stattlichem Bauch sich ein Braunhemd spannte, als sei er ein exotisches Tier.

«Was gibt es da zu glotzen?» sagte der Vetter eisig.

Ich schlenderte durchs Dorf, um meine Freunde zu besuchen. Aber jeder war mit sich selbst beschäftigt. Brunos Mutter, die Jungfer Zech, rupfte gerade ein Huhn, als ich in die Küche kam, und zischte mich an: «Mach gefälligst die Tür zu, mir fliegen ja die Federn in die Suppe!» Bruno war nicht da. Er mähte mit seinem Onkel Gräben aus. Nur Frau Trägenapp war einem Schwätzchen nicht abgeneigt. Sie war dabei, in der Waschküche die Hemden ihres Mannes mit der Wurzelbürste zu bearbeiten. Von Wasen umwölkt, konnte ich die Geschichte von dem frühreifen Mädchen noch einmal erzählen, und sie bewunderte mein Abzeichen: «Echt Silber mit Stempel!» Sie schenkte mir eine Flasche Waldmeisterbrause, und ich ging zu unseren Ställen. Billi hatte eben die Stute Mumpitz gesattelt. Ich war enttäuscht. «Ich wollt' doch reiten!»

«Pech gehabt», meinte Billi mit brüderlicher Herzlosigkeit.

Nun, dann würde ich eben Kahn fahren. Ich lief zur Anlegestelle am kleineren See, aber der Kahn war nicht an seinem Platz. Wer konnte ihn genommen haben? Auf dem See war er nicht zu entdecken. Da fiel mir die Plötzenkuhle ein. Nicht weit von ihr war eine Stelle im See rundum von Schilf wie von einer Mauer umgeben und deshalb vom Ufer aus nicht einzusehen. Nur Eingeweihte kannten sie. Tatsächlich hörte ich von dort leise Ruderschläge. Ich schlich zur Anlegestelle zurück und wartete hinter einer Eiche. Meine Geduld wurde belohnt – der Kahn glitt zum Steg, und ein Mann sprang heraus. Als ich plötzlich vortrat, fuhr er erschrocken zusammen. «Herr Dunker!» rief ich erfreut.

Herr Dunker hatte früher viel am großen See mit seiner Familie gezeltet. Ich hatte oft mit den Kindern gespielt, und ihr Vater hatte mir eine Menge beigebracht, Fische ausnehmen, Aale abhäuten und den richtigen Ruderschlag beim Paddeln. Unsere Hauslehrerin hielt das nicht für den passenden Umgang. «Der Mann ist doch Kommunist.» Er hatte sich schon lange nicht mehr in der Gegend blicken lassen.

«Dein Vater hat mir den Kahnschlüssel gegeben», sagte Herr Dunker, als wolle er sich entschuldigen. Er bückte sich, um seine Schnürsenkel festerzuziehen. Erstaunt sah ich, daß er Vaters Pirschstiefel trug. Typisch Vater! Mit Fremden großzügig, aber bei uns Kindern «von Anhalt». Was hatte es jedesmal für ein Theater gegeben, wenn Billi sie sich, weil sie absolut wasserdicht waren, ausleihen wollte!

Herr Dunker schien nicht gerade auf ein Gespräch mit mir erpicht zu sein. Er holte seinen Rucksack aus dem Kahn und verschwand eilig.

Anscheinend wollte heute niemand etwas von mir wissen. Schon gar nicht meine liebe Schwester Vera. Sie nutzte Mutters Einkaufsfahrt in die Stadt, um mit ihrer Internatsfreundin den Kleiderschrank im Elternschlafzimmer zu durchstöbern. Ich sah ihnen von der Tür aus zu, wie sie sich mit Mutters Schals drapierten und ihr Parfüm ausprobierten. «Wollen wir Tod und Leben spielen?» fragte ich; aber Vera zeigte mir nur einen Vogel.

So ging ich zu Mamsell. Sie saß auf einer Bank unter dem Flieder und kühlte ihre Krampfadern in einem Eimer Wasser. Ich holte mir eine Decke, suchte aus Mutters Schreibtisch die Alben mit unseren Kinderbildern heraus und machte es mir mit meiner Brause neben ihr gemütlich. Es war ein warmer Sommertag, aber unter den Büschen war es angenehm kühl. Der Bernhardiner lag nicht weit von uns entfernt im Schatten. Er jagte im Traum mit zuckenden Pfoten einen Feind, wahrscheinlich den Italiener-Hahn, der unterdessen in aller Ruhe am Hundenapf herumpickte.

Nachdem ich mir die vertrauten Bilder wieder eingehend betrachtet hatte, sah ich Mamsell eine Weile zu, die mit großer Fixigkeit an einem Pullover strickte. «Erzähl mir von früher», bat ich schließlich.

«Du meinst wohl, von dir.» Sie stellte ihre Füße auf ein Handtuch und trocknete sie sorgsam ab. «Du warst ein braves kleines Mädchen und hattest wunderschöne braune Locken ...»

Wie jeden Sommer gaben die Gäste sich die Klinke in die Hand. Auch Onkel Heinrich sagte sich an. «Am besten, wir geben ihm Billis Zimmer», überlegte Mutter. «Veras Freundin soll im Gastzimmer bleiben.»

Billi blickte düster. «Aber in die Mauke will ich nicht.»

«Wohin sonst, mein Junge», sagte Mutter unbekümmert.

Die Mauke, ein schmales, nach Norden gelegenes Zimmer, wurde so genannt, weil Mutter, sobald es einmal unbenutzt war, es sogleich mit leeren Kartons, alten Zeitungen und Flickwäsche füllte. Billi seufzte.

«Und laß nicht soviel herumliegen, wenn du umziehst», mahnte Mutter. «Vor allem keine Patronen. Ich bin erst neulich wieder vor deinem Bett auf eine getreten, und du weißt, daß Onkel Heinrich schreckhaft ist. Womöglich denkt er, sie explodiert.»

Wir sollten jedoch einen ganz neuen Onkel kennenlernen. Wir kamen aus dem Staunen gar nicht mehr heraus, so jugendlich-forsch gab sich der früher eher Pimplige. Er fürchtete weder Zugwind noch Nässe und sprang trotz seines Rheumas, sonst ein beliebtes Gesprächsthema, elastisch die Treppen hinunter, wobei er sich allerdings, wenn er sich unbeobachtet fühlte, verstohlen ins Kreuz faßte. Seine langjährige Stellung als Frühstücksdirektor bei einer Sektfirma hatte er aufgegeben. Er bekleidete jetzt einen Posten in einem neugeschaffenen Ministerium und war der Partei beigetreten.

Eine Zeitlang, erklärte uns der Onkel, habe er ja noch Zweifel gehegt, aber nun bekenne er sich frei und offen zur nationalsozialistischen Idee. Er sah Vater herausfordernd an und begann die großen Verdienste des Führers aufzuzählen. Die Rückgliederung des Saargebietes und die Beseitigung der Arbeitslosigkeit. Wer Onkel Heinrich zuhörte, mußte glauben, er schwinge eigenhändig Spaten und Schaufel, um Sümpfe zu entwässern und die Autobahnen, die «Straßen des Führers», zu bauen. Über die Wiedereinführung der allgemeinen Wehrpflicht geriet er in eine solche Begeisterung, daß er uns fast nichts mehr von der Zitronencreme übrigließ.

«Verständlich, wenn man deine Passion fürs Soldatenleben kennt», sagte Vater anzüglich, denn Onkel Heinrich war nicht im Krieg gewesen, und zog ihm sachte die Schüssel weg.

Der Onkel war aus dem Konzept gebracht und schwieg eine Weile. Aber sehr schnell hatte er sich wieder von diesem Tiefschlag erholt und fragte, wie es mir denn bei den Jungmädeln gefalle.

«Im Internat sind wir im VDA», erklärte ich.

Verein für das Deutschtum im Ausland? Das ließ der Onkel gelten. Er begann nun, Görings Hochzeit zu schildern, deren kirchlichen Teil er im Frühjahr im Berliner Dom miterlebt hatte.

«Dreißigtausend SS- und SA-Männer haben in den Straßen Spalier gestanden, Hunderte von Militärflugzeugen sind über die Stadt gebraust, und . . .»

Er wurde von Mutter unterbrochen. «Wie hat denn Emmys Kleid ausgesehen?»

«Emmys Kleid?» Der Onkel blickte verdutzt. «Zwei Hitlerjungen haben ihre Schleppe getragen», war alles, was er dazu zu sagen wußte.

«Stimmt es, daß Göring ihr ein mit Diamanten besetztes Diadem geschenkt hat?» bohrte Mutter weiter. Aber Vater gähnte und gab ihr ein Zeichen, die Tafel aufzuheben.

Onkel Heinrich zog sich zu einem Schläfchen zurück, und ich hörte Vater zu Mutter sagen: «Das ist ja nicht zum Aushalten. Seine neue Tätigkeit kann ihn doch nicht derart verändert haben?»

«Wohl mehr seine neue Freundin. Sie ist irgendwas Hohes bei der Frauenschaft, erzählt man sich jedenfalls», meinte Mutter.

«Wie lange hat er denn vor zu bleiben?»

«Drei Wochen bestimmt.»

Vater seufzte. «Hoffentlich kaut er sich noch etwas ab.»

Es kam dem Onkel zupaß, daß es im Dorf jetzt eine «Öffentliche» gab. Er hielt sich viel bei Trägenapps auf, um wichtige Ferngespräche zu führen. Am Tage unternahm er ausgedehnte Spaziergänge, mit denen er bereits vor dem Frühstück begann, und hin und wieder borgte er sich sogar mein Rad, an dem noch ein Wimpel in den Preußenfarben Schwarz-Weiß hing. «Kannst du den nicht abschrauben?» fragte er leicht geniert. Aber ich weigerte mich strikt, denn er war ein Geburtstagsgeschenk von Bruno, und da der Onkel ein gutmütiger Mensch war, nahm er es hin.

Um ihn zu amüsieren, machten wir einen Auflug in die Kreisstadt. Unterwegs fing es an, heftig zu regnen, und wir suchten in einem Gartenlokal Schutz. Ein Betrunkener kam an unseren Tisch, nannte Mutter «meine Süße» und griff nach Onkel Heinrichs Bierglas.

«Scheren Sie sich gefälligst weg», schnauzte der, «oder ich hol die Polizei!»

Der Mann verzog sich. Der früher eher schüchterne Onkel, der nichts mehr haßte als Auseinandersetzungen in Lokalen, war ganz aufgebracht und rief dem Betrunkenen «Arbeitsscheues Gesindel!» und «Kommunistenpack!» hinterher. Er erregte richtiges Aufsehen.

«Heinrich, ich bitte dich, was sollen denn die Leute denken», sagte Mutter.

Am nächsten Tag begleitete der Onkel Vater und mich zu Sattlermeister Krause, der in der ganzen Gegend für seine gute Arbeit bekannt war. Ja, die Reiter behaupteten, auf einem Krause-Sattel habe man jedes Springen schon halb gewonnen. Gutsbesitzer und Bauern gingen ihm daher sehr um den Bart, denn der Sattler war ein empfindlicher Mensch, der schnell bockbeinig wurde, wenn er das Gefühl hatte, seine Arbeit werde nicht genügend gewürdigt. Vater lobte denn auch schon los, als wir noch gar nicht richtig in der Werkstatt waren. Aber ein Echo blieb aus. Krause war nicht da. Nur seine Frau schusselte verstört zwischen Lederflecken und Riemen herum. «Sie haben ihn abgeholt.»

«Was!» riefen Vater und Onkel Heinrich.

«Da is so'n Herr aus Berlin gekommen mit 'ner großen Benzinkutsche und wollte unbedingt den da haben.» Sie deutete auf ein Prachtexemplar von Sattel. «Und was sagt der olle Döskopp? Der ist nur für die Edelleute. Hat sich stur geweigert, ihn zu verkaufen. Nu haben se'n inspunnt. Das hat er nu davon.» Sie fing an zu weinen.

Während der Heimfahrt kriegten sich Vater und Onkel Heinrich in die Haare. «Schöne Freunde, die du da hast», sagte Vater. «Einen alten Mann einzusperren, nur weil er ein bißchen schrullig ist.»

Der Onkel hopste aufgeregt auf seinem Sitz hin und her. «Du machst es dir einfach, kümmerst dich um nichts und niemand, krauchst in deinem Wald herum und läßt den lieben Gott einen guten Mann sein.»

Er schrie so laut, daß die Pferde nervös in Trab fielen. «So nicht, Alfred, so nicht, und jetzt sag ich dir mal was –» Weiter kam er nicht. Das Handpferd hatte mit dem Schweif die Leine eingeklemmt, so daß Vater das Gespann nicht mehr halten konnte. Wir jagten durch das Luch, daß die Räder gefährlich quietschten.

«Was rast du wie ein Verrückter!» schrie der Onkel ganz blaß, und: «Ich doch nicht, die Pferde!» schrie Vater zurück. Aber dann waren wir aus dem Luch heraus, und der Weg wurde so sandig, daß sie von allein wieder in Schritt fielen.

Am Abend spielten wir Rommé auf der Veranda, aber die Stimmung war gespannt. Plötzlich begann Möpschen zu knurren. «Ruhig», beschwichtigte ihn Vater, «es ist nur Herr Beil.»

Herr Beil war der Landjäger, ein ruhiger, besonnener Mann, dessen Diensteifer sich in angenehmen Grenzen hielt.

«Kommen Sie, trinken Sie ein Gläschen mit uns», forderte ihn Vater auf.

Der Landjäger kam die Treppe herauf. «Mächtig schwül heut, wird wohl bald 'n Gewitter geben. Ich habe hier 'ne Anfrage –»

«Nun setzen Sie sich erst mal.» Vater schob ihm einen Korbstuhl hin.

«Der Dunker wird gesucht», sagte der Landjäger.

«Den kenn ich doch», rief Onkel Heinrich. «Hab mich manchmal am See mit ihm unterhalten. Hatte einen sehr ordentlichen Eindruck von dem Mann. Und der wird polizeilich gesucht?»

«Irgendwas Politisches», sagte der Landjäger. «Er hat ja früher auch öfter mal hier auf dem Hof geholfen. Hat er sich in letzter Zeit vielleicht mal blicken lassen?»

«Seit einer Ewigkeit nicht mehr», sagte Vater, und dann zu mir: «Hol mal die Zigarrenkiste.»

Ich blieb wie angewurzelt stehen. «Aber ich –»

Vater unterbrach mich in ungewohnt scharfem Ton: «Holst du nun endlich die Zigarren?»

Ich begriff, daß es ratsamer war, meine Weisheit für mich zu behalten, und trabte davon.

Am Sonntag fuhr die Familie in die Kirche. Nur der Onkel und ich blieben zu Hause. Mamsell war in der Küche beschäftigt, und das Mädchen hatte frei – eine gute Gelegenheit, in den Keller zu schleichen und ein Glas Erdbeermarmelade zu klauen. Ich wollte sie am Nachmittag ganz allein für mich im Park essen und dazu das Buch lesen, das mir Onkel Heinrich geschenkt hatte.

Als ich aus dem Keller wieder auftauchte, sah ich Herrn Dunker die Gartentür aufmachen und dem Onkel geradewegs in die Arme laufen. Beide redeten einen Augenblick miteinander, dann ging Herr Dunker wieder. Ich wartete, bis die Luft rein war, und versteckte die Erdbeermarmelade in meinem Kleiderschrank.

Zum Mittagessen waren die Eltern wieder zurück. «Na, hat sich inzwischen was ereignet?» fragte Vater munter.

«Keine besonderen Vorkommnisse zu melden», sagte der Onkel. «Nur im Keller hab ich was klabastern gehört.» Er sah mich bedeutungsvoll an, und ich bekam einen roten Kopf.

«Warst du wieder am Eingemachten?» fragte Mutter inquisitorisch.

«Aber nicht doch», sagte Onkel Heinrich, «es war die Katze, ich hab sie rauskommen sehen.»

5

In Viktorias Zimmer war ein Bett frei geworden, und Viktoria hatte Fräulein von Rembold abgeluchst, daß ich zu ihr ziehen durfte. Mit Irene, der dritten im Zimmer, freundete ich mich schnell an. Die «Friedliche», wie sie uns ihren Namen gedeutet hatte, war die älteste von uns und kopierte gern die damenhafte Art ihrer Mutter, was zu ihrem Kindergesicht und Babyspeck nicht recht passen wollte. Das hilfsbereite, etwas schwärmerisch veranlagte Mädchen hatte eine Schwäche: Sie hatte einen Adelstick. Sechzehn Ahnen müsse der Mensch haben, sonst könne er sich gleich begraben lassen. Sie pinselte mit Leidenschaft Stammbäume und grub bei jeder in der Klasse irgendeinen mit ihr verwandten Onkel oder eine Tante aus. Aber ihr Hauptinteresse galt den mitgebrachten Fotos von unseren Brüdern. Vor allem Rabanus hatte es ihr angetan. «Der sieht ja fabelhaft aus, und dann so ein toller Name! Weißt du überhaupt, was das bedeutet?»

Viktoria schüttelte den Kopf.

«Der Glücksrabe. Den möcht ich mal kennenlernen.»

Das sollte schneller geschehen, als sie gedacht hatte. An einem Adventssonntag kam Viktoria ins Zimmer gerast. «Rabanus sitzt bei Fräulein von Rembold. Er darf uns für zwei Stunden in die Stadt mitnehmen. Zieht euch schnell um.»

Irene geriet ganz aus dem Häuschen. «Wie aufregend, was zieh ich bloß für 'ne Bluse an!»

Rabanus, ein blonder, ziemlich stämmiger Junge mit eigensinnigem Kinn und den dicht beieinanderstehenden Augen seiner Schwester, war gerade Fahnenjunkerunteroffizier geworden und konnte sich selbst im Sitzen nur schwer von dem Zeichen seiner neuen Würde, einem Schleppsäbel, trennen. Natürlich waren die ihn anhimmelnde Irene und ich für ihn so interessant wie Feldmäuse für einen Schafbock – da kannte er schließlich ganz andere «Weiber». Aber er hatte seinen Eltern nun einmal versprochen, Viktoria und ihre Freundinnen bei passender Gelegenheit einzuladen, und gab sich gönnerhaft gelangweilt. Die teuren Tortenstücke, die wir uns am Büfett ausgesucht hatten, redete er uns allerdings wieder aus. «Buttercreme hat meist 'nen Stich, davon kriegt ihr bloß Bauchweh.»

Erst als wir auf die Jagd zu sprechen kamen und ich unser Rotwild erwähnte, wurde er wacher. Er beugte sich über den Tisch, wobei er fast seine Kaffeetasse umwarf, und blickte mir tief in die Augen. Kapitale Hirsche? Sauen? Wenn es mir recht sei, werde er bei Gelegenheit vorbeischauen und sich meinen Eltern vorstellen.

Beschwingt kehrten wir zurück. «Diese weltmännische Art», schwärmte Irene. «Und wie gut man sich mit ihm unterhalten kann!»

Wenige Monate später war Rabanus für Irene schon wieder passé. Leutnant von Boden hatte ihn verdrängt. Sie zeigte uns ein Foto von ihm, noch ehe wir unsere Mäntel nach der Rückkehr aus den Osterferien ausgezogen hatten. Eine überbelichtete Gestalt beugte sich vom Pferd zu ihr hinunter.

«Wahrscheinlich nur ein Fahnenjunker», hänselten wir sie. «Du hast die Rangzeichen verwechselt.»

«Ihr seid ja bloß neidisch», gab Irene überlegen zurück. «Jedenfalls steht er nicht schon mit einem Fuß im Grab wie Viktorias Onkel.»

Wir zankten uns ein wenig, wollten dann aber doch sehr genau wissen, wo sie den Leutnant kennengelernt hatte.

«Zu Haus natürlich. Er war ein paarmal bei uns zum Tee.»

«Hast du ihn nach seinen Ahnen gefragt?»

«Seid nicht albern. Er hat sich fast nur mit meiner Mutter unterhalten, aber mich dabei ganz süß von der Seite angeblinzelt.»

«Wahrscheinlich hat er einen Silberblick.» Wir stießen uns an. Irene überging diese Bemerkung würdevoll.

«Ich bin sogar schon mit ihm im Kino gewesen», fuhr sie fort, «in ‹Schlußakkord›. Ich hatte ganz schönen Bammel, daß Vater es rauskriegt. In einen Film über achtzehn! Der hätte mir was gehustet.»

«Daß sie dich überhaupt reingelassen haben! Na, du siehst ja sowieso schon ein bißchen wie deine eigene Großmutter aus», neckten wir sie.

Für die Sommerferien hatten wir große Pläne: Irene sollte mich besuchen und mit uns zu den Olympischen Spielen fahren. Für den Rest der Ferien war ich bei ihren Eltern eingeladen.

Wie vor jeder Abreise herrschte das übliche Durcheinander. Bis Berlin blieben die meisten zusammen und regten sich wie gewöhnlich über die «Parvenüs» unter den Mädchen auf, die erster Klasse fuhren. Beim Umsteigen in Berlin verabschiedeten wir uns voneinander. «Auf Wiedersehn in acht Tagen!»

Kein Gedanke, daß mich ein Wagen an der Kleinbahnstation erwartete! Ich durfte meinen Koffer auf den Gepäckträger meines Rades klemmen, das man mir mit dem Milchwagen zur Bahn geschickt hatte.

Bei einem Gast war das natürlich etwas anderes. Ich wollte meine Freundin selbst vom Bahnhof abholen, da konnte ich ihr gleich mit meinem schneidigen Fahrstil imponieren.

«Paßt mir gut», sagte Vater, «dann kannst du bei der Gelegenheit zwei Zentner Mehl vom Müller mitbringen. Den Roggen hat er schon.»

Ich war außer mir. «Da muß ich ja den Kastenwagen nehmen!»

«Was spricht dagegen? Ein sehr schöner Wagen. Sogar mit Gummirädern.»

«Aber er hat nicht mal einen richtigen Sitz. Nur ein Brett.»

«Dafür darfst du das gute Geschirr nehmen», sagte Vater, ganz überwältigt von seiner eigenen Großzügigkeit. Dabei paßte das gelackte Geschirr mit den neunzackigen Silberkronen auf den Scheuklappen zu dem traurigen Gefährt wie die Faust aufs Auge.

Der Müller knallte mir die Säcke auf den Wagen, daß es nur so stäubte. Ich fuhr weiter zur Bahnstation, der sich der Zug bereits mit gellenden Pfiffen, zwischen Feldern und Wiesen daherratternd, näherte. Ihren Koffer in der Hand, kletterte Irene vom Trittbrett. Sie hatte sich ordentlich herausgeputzt und trug einen dunkelblauen, taillierten Mantel mit weißen Perlmuttknöpfen, eine beige Baskenmütze und sogar Handschuhe.

Perplex betrachtete sie den Wagen. «Wie komm ich denn da rauf?»

«Du mußt aufs Rad klettern.»

Vorsorglich fuhr sie mit ihrem Taschentuch über das Brett, ehe sie sich neben mich setzte.

Die Eltern empfingen uns an der Haustür. «Daß man unserem Gast aber auch so ein Gefährt zumutet», sagte Vater und grinste. Mutter war wie immer sehr fürsorglich, brachte Irene beim Gutenachtsagen ein Schälchen Erdbeeren ans Bett und horchte sie dabei gleich ein bißchen aus. «Und deine Mutter stammt aus Schlesien?»

Zum Frühstück erschien Irene gestiefelt und gespornt in tadellosem Reitdreß.

«Donnerwetter», sagte Vater bewundernd. «Aber die Sporen legen wir besser ab, könnten sich sonst im Pferd festhaken.»

Ich schlüpfte in meine geflickten Trainingshosen, und wir gingen in den Stall. Die Stute Mumpitz legte die Ohren an und zeigte wenig Lust, ihre behagliche Box zu verlassen. «Im Gelände ist sie aber ganz friedlich», beruhigte ich meine Freundin und legte einem neuerworbenen braunen Wallach den Sattel auf.

Irene, die Städterin, war bisher nur in der Reitbahn

geritten. Als ich zehn Minuten später kurz anhielt, um meinen Sattelgurt nachzuziehen, war sie plötzlich meinen Blicken entschwunden. «Brr, brr!» hörte ich sie rufen, dann war Stille.

Mumpitz hatte die Angewohnheit, bei bestimmten Wegen einzubiegen, wenn man nicht aufpaßte, und fröhlich nach Haus zu galoppieren. Das tat sie auch diesmal. Ich entschuldigte mich bei meiner Freundin. Aber Irene war weder mir noch der Stute gram. Im Gegensatz zu unserer Hauslehrerin fand sie das Landleben himmlisch. Dabei zeigte sich ihr die Natur eher von der feindlichen Seite: Beim Schwimmen zogen Wasserpflanzen sie fast in die Tiefe. Nur mit großer Anstrengung konnten Billi und ich sie aus der klebrigen Verschlingung lösen, wobei sie um ein Haar ihren Badeanzug verlor. Beim Radeln bohrten sich Dornen in ihren Vorderreifen. Die Luft entwich zischend, und sie hätte sich beinahe überschlagen, denn wir radelten gerade einen Berg hinunter.

Vielleicht sah Irene alles in rosigem Licht, weil Billi es ihr angetan hatte – «Einfach zu nett, dein Bruder!» Billi fühlte sich halb geschmeichelt, halb belästigt. Er war gerade hinter einem Rehbock her, den Vater ihm freigegeben hatte, und da störten wir Mädchen ihn nur. Wie gern hätte Irene ihn begleitet. «Nun nimm sie schon mal mit», versuchte Mutter ihn zu überreden, die sonst eher bremste, wenn Onkel Hans' Sekretärin mit ihm auf den Hochsitz gehen wollte. Billi schickte sich schließlich ins Unvermeidliche. Irene war selig. Angetan mit Vaters Wasserstiefeln, die ihr drei Nummern zu groß waren, und einem alten Filzhut, zog sie mit meinem Bruder los. Wir blieben auf der Veranda zurück.

Über dem See braute sich ein Gewitter zusammen, und es begann bald, kräftig zu blitzen und zu donnern.

«Wo Billi nur bleibt.» Mutter war besorgt.

«Schon da!» Das Gewehr von der Schulter nehmend, betrat er die Veranda.

«Und wo hast du Irene gelassen?» fragten wir.

Er faßte sich an die Stirn. «Mein Gott, die hab ich total vergessen! Die sitzt noch unter einer Eiche.»

«Vor der Eiche da weiche», sagte ich, und: «Wie konntest du nur, Junge!» rief Mutter.

In strömendem Regen, von Blitzen umzuckt, machten wir uns auf den Weg. Wir fanden unseren Gast zitternd unter dem angegebenen Baum. Weinend klammerte sie sich zunächst an Vater, aber dann doch lieber an Billi. «Du hast gesagt, du willst nur hinter der Schonung nach dem Bock sehen, in zehn Minuten bist du wieder zurück, und nun sitz ich hier und sitz und sitz und sitz...» Ihr Gehirn schien nur noch diese beiden Wörter produzieren zu können.

Billi war tief zerknirscht und umtanzte sie den ganzen Abend, als sei sie sein höchstes Glück. Aber das genügte Mutter nicht. «So billig kommst du mir nicht davon. Du fährst morgen in die Gastwirtschaft und kaufst ihr eine Schachtel Pralinen, aber eine große!»

«Mein armes, armes Geld», seufzte der sparsame Billi, «von einer Tasche in die andere.»

Aber Irene hatte den Schreck bald vergessen, denn ein paar Tage später fuhren wir für einen Tag nach Berlin zu den Olympischen Spielen. Vater hatte Karten für das Dressurreiten besorgt, eine Disziplin, bei der man äußerste Ruhe von den Zuschauern verlangte, damit die Pferde nicht nervös wurden. Es herrschte eine Stille wie im Dom, die nur ab und zu vom Schnauben der Tiere unterbrochen wurde. Mutter gähnte vor sich hin. Sie wäre lieber zum Fußballspiel gegangen. Davon verstand sie zwar auch nichts, aber da war wenigstens ordentlich was los. Am meisten interessierte sie jedoch das Gerede und der Klatsch, den es so gab. «Stimmt es, daß der Führer Jesse Owens nicht die Hand gegeben hat? Weil er ein Neger ist?» wollte sie von Onkel Heinrich wissen. Doch das bestritt der Onkel. Dagegen hatte er gesehen, wie die arme deutsche Läuferin, der beim Staffellauf der Stab aus der Hand gefallen war, vom Führer liebevoll getröstet wurde. Irene erzählte, daß eine Amerikanerin einen Kieselstein, über den der Führer geschritten war, aufgehoben, geküßt und als Souvenir in die Tasche gesteckt hatte.

«Da siehst du mal», sagte Onkel Heinrich bedeutungsvoll.

Todmüde, aber sehr zufrieden mit diesem aufregenden Tag kamen wir wieder zu Hause an.

Billi, der in Berlin Internatsfreunde getroffen hatte und sich erst wieder blicken ließ, als wir abends in den Zug stiegen, schien trotzdem den peinlichen Jagdausflug nicht vergessen zu haben. Er bemühte sich in den wenigen Tagen, die uns vor der Reise zu Irenes Eltern noch blieben, weiter um meine Freundin. Er ließ sie mit seinem Kleinkalibergewehr auf faule Enteneier schießen und nahm sie zum Reusenlegen mit auf den See. Vor der Abreise schenkte er ihr sogar die abgeworfene Stange eines Rehbocks, die er im Wald gefunden hatte. «Was mach ich denn damit?» fragte mich Irene etwas ratlos.

Mutter half mir beim Kofferpacken, und Irene und ich fuhren in die kleine Garnisonstadt bei Dresden, in der ihr Vater Kommandeur war. Vor dem Bahnhof erwartete uns ein Krümperwagen mit zwei auf Hochglanz geputzten Rappen. Der Gefreite auf dem Kutschbock hob salutierend die Bogenpeitsche, als wir durch die Sperre getrottet kamen. Er sprang herunter und verstaute unser Gepäck. Die Fahrt durch die Stadt tat unserer Eitelkeit wohl. Jeder, der die Uniform des Regiments trug, legte bei unserem Anblick die Hand an die Mütze. Huldvoll gaben wir mit wedelnden Tintenfingern den Gruß zurück. Eine Zeitlang trabte ein gutaussehender Offizier lächelnd neben dem Wagen her.

«Ist das dein Leutnant?» fragte ich.

Irene konnte über so viel Ahnungslosigkeit nur den Kopf schütteln. «Das ist doch ein Rittmeister, du Roß!»

Wir fühlten uns wie im siebenten Himmel. Aber das Glück war nur von kurzer Dauer. Als der Gefreite die Pferde vor einer großen Villa durchparierte, holte uns eine laute Stimme wieder in die rauhe Wirklichkeit zurück.

«Sind denn die Gören immer noch nicht da? Wie lange soll ich eigentlich auf mein Mittagessen warten?»

Gören! So was! Wir fühlten uns vor dem grinsenden Burschen bis auf die Knochen blamiert.

Kaum hatte ich im Haus meinen Handkuß gemacht und Grüße von meinen Eltern bestellt, da ging Irene schon vor einem außergewöhnlich großen Aquarium in die Knie. «Du mußt Papas Fische bewundern», flüsterte sie mir zu.

«Nein, wie goldig!» rief ich folgsam und starrte in einen Dschungel üppig wuchernder Pflanzen, zwischen denen hin und wieder ein Fischschwanz sichtbar wurde. Der Kommandeur begann mir weitschweifig jeden einzelnen Fisch zu erklären.

«Ich denke, du stirbst vor Hunger», sagte seine Frau.

Irenes Vater, schlank und beweglich, entpuppte sich als ein cholerischer Mann. Jedesmal regte er sich von neuem darüber auf, daß eine der Schubladen der Barockkommode im Wohnzimmer klemmte, und versetzte ihr solche Tritte, daß bereits an vielen Stellen das Furnier abgesprungen war. Seiner Meinung nach mußte die Familie, ebenso wie die Rekruten, ständig in Trab gehalten werden. «Hol mir mal die Zeitung!» – «Mach das Fenster auf!» – «Gießt denn niemand die Blumen?» – «Staubwischen kommt wohl in diesem Haus immer mehr aus der Mode!» – so ging es den ganzen Tag.

Seine Frau begegnete diesen Erziehungsversuchen mit mildem Lächeln und stellte den vollen Aschenbecher, den er ihr mit anklagendem Gesicht in die Hand gedrückt hatte, gelassen wieder auf den Tisch zurück. «Laß dich nie von einem Mann herumhetzen, mein Kind», sagte sie zu mir und lockerte vor dem Spiegel ihr

Haar, «sonst bist du bald nur sein besserer Bursche und darfst ihm die Glacéhandschuhe waschen, die er dann bei anderen Frauen trägt.»

«Was meint sie damit?» fragte ich.

Irene wich meinem Blick aus. «Ach, nichts.»

«Sie sieht wahnsinnig hübsch aus», sagte ich bewundernd. «Gar nicht wie eine Mutter.»

Fürsorglich war der Oberst nur bei seinen Fischen. Jede Woche mußte das Aquarium gereinigt werden, eine umständliche Prozedur, bei der es schon schmerzliche Verluste gegeben hatte. Einmal war dabei sein Lieblingsfisch in den Gummischlauch geraten, mit dem das Wasser abgesaugt wurde, ein andermal hatte sich die Katze die leichte Beute aus dem Weckglas, dem Ausweichquartier der Fische, geangelt.

Am Tag nach unserer Ankunft durften wir ins Kino gehen. Der Film, den man uns erlaubt hatte, hieß «Reiter von Deutsch-Ostafrika» und war schon älteren Datums. Wie ich dem Programmheft entnahm, handelte er von weißer und schwarzer Treue, von deutscher Mannhaftigkeit und edlem Frauentum. Kein Liebesfilm also. Wie langweilig. Enttäuscht steckte ich das Heft in die Tasche.

Nach der Vorstellung bummelten wir durch die Kleinstadt. «Vielleicht sitzt Leutnant von Boden ja im Café am Markt – das ist sein Stammplatz. Wir kucken mal rein», schlug Irene vor. Aber außer Frauen mit Kindern war da am frühen Nachmittag niemand zu sehen.

Zu Hause wurden wir bereits von Irenes Mutter erwartet. «Leutnant von Boden hat sich für Mittwoch zum Tee angesagt. Jetzt weiß ich aber jemand, der sich freuen wird.»

«Mami!» tat meine Freundin entrüstet und warf mir gleichzeitig einen triumphierenden Blick zu.

Der Oberst, ein Mann rascher Entschlüsse, hatte sich inzwischen vorgenommen, dem Gast seiner Tochter etwas zu bieten. Gleich morgen sollte es losgehen. Ich hoffte inbrünstig, er werde mit uns eine Dampferfahrt auf der Elbe machen, aber es wäre mir nie eingefallen, das selbst vorzuschlagen. Ich versuchte es daher mit Gedankenübertragung und lächelte den Oberst beschwörend an. Er lächelte zurück. Wie niedlich die Kleine strahlte!

«Wir werden dir Dresden zeigen», erklärte er.

«Morgen?» Seine Frau war mit einer kunstvollen Stickerei beschäftigt und hob nicht den Kopf. «Morgen habe ich meinen Bridge-Nachmittag. Da wirst du wohl allein mit den Mädchen fahren müssen», sagte sie etwas abwesend.

«Das läßt sich dann eben nicht ändern, ich habe nur morgen Zeit.» Einen Augenblick schwieg der Oberst verstimmt. Dann sagte er zu uns: «Und wie steht's mit euch Krabben?»

Bis auf den Mittwoch war uns jeder Tag recht.

Am nächsten Morgen unterzog uns der Oberst einer genauen Musterung, ehe er mit uns das Haus verließ. «Dann wollen wir uns mal auf den Weg zum Bahnhof machen. Der D-Zug nach Dresden hält nur kurz.»

Irenes Vater hatte sich vorgenommen, unsere Bildung aufzumöbeln. Frauenkirche, Hofkirche, Zwinger, Grünes Gewölbe, Gemäldegalerie – nichts wurde ausgelassen. Während auf der Prager Straße unsere Filmlieblinge in Großaufnahme von den Plakaten lockten und fröhliche Menschen es sich bei herrlichem Sonnenschein in Gartencafés bequem machten, trabten wir durch endlose Säle voller Bilder. Todmüde und mit brennenden Füßen erschubste ich mir einen Platz auf der Bank gegenüber der Sixtinischen Madonna, vor der die Besucher mit gezogenen Hüten in schweigender Andacht standen.

«Betrachtet sie euch in Ruhe», befahl der Oberst. «Ich hol euch dann wieder ab.» Er verzog sich in die Abteilung mit den Rubensgemälden.

«Können wir nicht mal 'ne Pause einlegen?» stöhnte ich. «Ich hätt so gern ein Eis.»

Irene nahm das als indirekten Vorwurf gegen ihren Papa. «Die Sixtinische Madonna gehört schließlich zur Allgemeinbildung. Ist das Christuskind nicht wonnig?»

Ich war heilfroh, als wir endlich unsere Schritte wieder zum Bahnhof lenkten.

Irenes Mutter empfing uns an der Tür und legte ihrer Tochter den Arm um die Schultern. «War's schön?» Im Wohnzimmer war mit viel Sorgfalt ein Vespertisch für zwei Personen gedeckt: Meißner Porzellan, Silberkörbchen und als Blumenschmuck ein Strauß gelber Rosen. Ich sah hungrig auf den angeschnittenen Kuchen.

«Wie war dein Bridge?» fragte der Oberst.

Irenes Mutter stellte den Rosenstrauß auf die Barockkommode. «Ach, der – möchtet ihr ein Stück Kuchen, Kinder? Ich habe den Tag verwechselt und umsonst gebacken. Das heißt, nicht ganz umsonst, zum Glück. Irene, du sollst deinen Gürtel nicht so fest binden! Einer von deinen Offizieren tauchte plötzlich auf. Ich war ganz überrascht. Er wollte seinen Abschiedsbesuch machen. Der junge Boden, auf den du so große Stücke hältst.» Sie räumte das Geschirr auf ein Tablett. «Er ist ganz plötzlich versetzt worden. Du hast mir gar nichts davon erzählt.»

«So, so», sagte der Oberst. Das Ehepaar sah sich an. Einen Augenblick herrschte Schweigen. Irene wurde dunkelrot und zwinkerte mit den Augen, um ihre Tränen zu verbergen.

«War die Madonna von Raffael nicht ein großes Erlebnis?» fragte ihre Mutter und setzte sich neben sie. «Diese verinnerlichte Frömmigkeit!»

Irene sprang auf. Sie riß ihre Zopfspangen herunter und schleuderte sie ins Aquarium. «Ich finde sie scheußlich!» Entsetzt stoben die Fische auseinander.

6

Anfang Januar 1939 – seit den Olympischen Spielen und meinem Besuch bei Irene waren mehr als zwei Jahre vergangen – kehrten wir wieder einmal von den Weihnachtsferien ins Internat zurück. Viktoria schien mir verändert. Als ich ihr von Heiligabend berichtete, hörte sie kaum zu, sondern starrte mit verklärtem Gesicht auf das Bild der Uta von Naumburg über ihrem Bett.

Dabei gab es so vieles, was ich unbedingt loswerden mußte. Wie sehr hatte ich mich auf ein Paar Reitstiefel gespitzt. Und was bekam ich? Eine Skihose. «Freust du dich?» fragte Mutter.

Die älteren Geschwister gaben jetzt zu Haus den Ton an. Vera, die inzwischen eine Frauenfachschule besuchte, spielte sich mit ihren Kochkünsten auf und bescherte uns einen klitschigen Kuchen nach dem anderen. Mutter und Mamsell bewunderten andächtig, mit welcher Geschicklichkeit sie den Eierkuchen zum Wenden in die Luft warf und mit der Pfanne wieder auffing. Und wie sie das Eiweiß vom Eigelb trennte – nein, so was hatte Mamsell ja noch nicht gesehen!

Billi war vom Reichsarbeitsdienst auf Urlaub gekommen, wo man ihn zum außerplanmäßigen Vormann befördert hatte. «Ich befördere Sie zum Vormann, dies jedoch stets widerruflich und ohne Gebührnisse.» So stand es in dem amtlichen Schreiben, das er uns stolz zeigte. Mutter war voller Mitgefühl, als er erzählte, daß die Arbeitsmänner eine Straße bauen mußten. «Mein armer Junge, den ganzen Tag die schweren Steine schleppen!»

«Ich doch nicht», sagte Billi. Wir bekamen zu hören, daß sich unser Billi einen angenehmen Druckposten verschafft hatte. Er durfte nämlich das kostbare Motorrad des Feldmeisters warten. Natürlich gab es an der Maschine ständig etwas zu verbessern oder zu reparieren, so daß Billi nur noch höchst selten beim Straßenbau eingesetzt wurde. Während am Sonnabend seine Kameraden Latrinen und Baracken scheuern mußten, zog Billi hier ein Schräubchen und da ein Schräubchen fest. Gelegentlich bekam der Lagerführer Gewissensbisse und scheuchte seinen Grafen in einer Anwandlung von Gerechtigkeitsgefühl zum Außendienst. Aber bald fehlte ihm Billi, mit dem er gern ein Schwätzchen hielt, an allen Ecken und Enden. Er ließ durchblicken, daß er zu Hause auch nicht gerade im Kohlenkasten geschlafen habe, und beklagte sich über seine Freundin. Ihm wegen so einem Kerl von der Leibstandarte den Laufpaß zu geben! Sei der Reichsarbeitsdienst vielleicht weniger wert? Billi, den Putzlappen in der Hand, hörte ihm aufmerksam zu. «Du erzählst immer so lebendig», sagte Mutter.

Was ich dagegen zu bieten hatte, interessierte sie weniger. Wir Älteren im Internat waren jetzt im Gesundheitsdienst des BDM, und ich belehrte Mutter, daß der menschliche Körper aus Kopf, Rumpf und Gliedern bestehe. «Tatsächlich», sagte Mutter. Es gelang mir jedoch, die

Jungfer Zech mit meinen neuen Kenntnissen zu beeindrucken. Ihre Ziege hatte sich ein Bein am Stacheldraht erheblich verletzt, und ich machte ihr gleich einen schicken Kornährenverband, der dem Tier allerdings schon einen Tag später nur noch als dreckiger Lappen ums Bein zottelte.

Im Dorf lief alles mit neuen Schuhen herum. Der jüdische Besitzer des Schuhladens in der Kreisstadt machte Ausverkauf. Bruno zeigte mir stolz ein Paar schwarze Halbschuhe. «Staunste, was?» Dann erzählte er mir etwas verworren, was alles in der Nacht zum 9. November passiert war. Im Internat hatten wir kaum etwas darüber erfahren. Fräulein von Rembold hatte das Thema kurz gestreift und uns dann ein Kirchenlied lernen lassen: «Sünden, die dich jetzt noch schrecken, wirst du bald mit Lust vollstrecken.»

Ich beschloß, in die Stadt zu fahren und nach preiswerten Schuhen zu sehen. Vielleicht konnte ich mir von meinem Ersparten ja sogar die Reitstiefel leisten, die ich zu Weihnachten nicht bekommen hatte. Aber Vater verbot es mir kurz und bündig.

«Ist doch egal, von wem sie gekauft werden», maulte ich.

«Wie alt bist du eigentlich?» Vater wurde ungewohnt ernst. «Da kleben Blut und Tränen dran!»

«Nun laß doch mal, Alfred», sagte Mutter beschwichtigend.

Auch mit meinen Haaren hatte ich kein Glück. «Ich möchte mir die Haare abschneiden lassen», teilte ich meinen Eltern mit. War ich denn noch ein Kind, daß ich

Zöpfe tragen mußte? Sie sahen mich irritiert an. «Hast du nichts anderes im Kopf? Warum sitzt du eigentlich hier rum und läufst nicht lieber Schlittschuh?»

«Ich will aber keine Zöpfe mehr. Ich bin doch schon sechzehn!»

«Die Zöpfe bleiben, wo sie sind», erklärte Vater. «Wär ja noch schöner!»

Jetzt, im Internat, stellte ich voller Genugtuung fest, daß es Viktoria mit ihren Zöpfen auch nicht besser ergangen war. Ich ging in den Klassenraum. Dort traf ich nur Eva an, eine der Foxis, mit frischgeschnittenem Bubikopf. Ich sah es voller Neid – die hatte vielleicht verständnisvolle Eltern! Doch Eva schien sich nicht darüber freuen zu können. Sie hatte den Kopf auf die Tischplatte gelegt und schniefte vor sich hin.

«Hast du Heimweh?» fragte ich verblüfft, denn Eva war schon länger als ich im Internat und gehörte zu den tonangebenden Mädchen. Sie schüttelte den Kopf. «Meine Eltern haben sich getrennt, weil meine Mutter Jüdin ist.»

Ich wußte nicht, was ich sagen sollte. Schließlich holte ich zögernd meinen letzten Schokoladenweihnachtsmann, den ich im Bett essen wollte, aus meiner Tasche, brach ihn durch und schob ihr die eine Hälfte hin. Ohne mich anzusehen, steckte sie sich, vergraben in ihren Kummer, die Schokolade in den Mund. Ich verzog mich in mein Zimmer.

«Stell dir vor, Evas Eltern haben sich scheiden lassen. Ihre Mutter ist Jüdin», sagte ich zu Viktoria.

«So, so.» Viktoria drehte abwesend einen kleinen porzellanenen Amor in den Händen.

«Du hörst überhaupt nicht zu! Was ist bloß los mit dir? Die arme Eva, tut sie dir denn nicht leid?»

Viktoria beeilte sich zu erklären, daß sie es ganz furchtbar finde, und starrte gleich darauf schon wieder Löcher in die Luft.

Dafür war Fräulein von Rembold ungewöhnlich nett zu Eva und sagte nichts, als sie die Geschichtszahlen noch mehr als sonst durcheinanderbrachte.

Als wir eines Tages vom Brennballspiel zurückkamen, war Eva nicht mehr da. Ihre Mutter war erschienen und hatte sie abgeholt. «Wahrscheinlich nach England», flüsterte man sich zu.

«Und mein Buch?» sagte Saskia vorwurfsvoll. Sie hatte Eva ihr Lieblingsbuch «Und ewig singen die Wälder» geliehen. «Wann ich das jetzt wohl wiederkriege!»

«Ach, steck dir doch deine blöden singenden Bäume an den Hut!» rief Irene.

Im Februar hatten wir unsere erste Luftschutzübung. Irene und ich mußten vorher dem Hausmeister auf dem Dachboden beim Entrümpeln helfen. Während wir Kartons und Zeitungen aussortierten, sangen wir: «Fällt 'ne Bombe ins Klosett, wer zieht an der Wasserkett? Der Luftschutz!»

Viktoria kam, einen Brief in der Hand, die Treppe heraufgestürzt. «Meine Schwester heiratet im Sommer! Ich darf dich mitbringen!»

Es war meine erste Hochzeit, und ich hatte nur die eine Sorge, Mutter könnte mir für diese Gelegenheit ein abgelegtes Kleid von Vera aufnötigen. Aber Vater zeigte sich großzügig, Mutter fuhr in den Pfingstferien mit mir nach Berlin, und ich durfte mir selbst eins aussuchen.

Die Zeit nach den Pfingstferien kam uns diesmal endlos vor, obwohl wir uns schon einen Stundenfresser übers Bett gehängt hatten. Aber endlich war es soweit.

Rabanus holte Viktoria und mich mit zwei Schweißfüchsen von der kleinen Bahnstation ab, die nur ein paar Kilometer vom Gut seiner Eltern entfernt lag. Er begrüßte uns, fröhlich mit der Peitsche knallend.

«Gib bloß nicht so an», sagte seine Schwester.

In scharfem Tempo fuhren wir eine Kirschallee entlang. Auf der Freitreppe empfing uns würdevoll ein älterer Mann in gestreifter Jacke.

«Das ist Anton», erklärte Viktoria und zog sich hastig den Rock über die Knie. Der Diener blickte tadelnd auf die dampfenden Pferde und den Schaum, der von den Trensen tropfte. «Graf Rabanus, du sollst doch die Pferde nicht so abjagen!»

Zusammen mit dem Dienerjungen trug er das Gepäck in die Halle und sah sich mißbilligend um. «Wieder nicht richtig saubergemacht.» Er nahm einen Billardstock und holte damit ein Spinnennetz von der Wand. «Hatten die Komtessen eine gute Fahrt?»

«Wo sind die Eltern?» fragte Viktoria.

«Die Herrschaften sind im Pastorat und besprechen die Hochzeit.»

«Ist Onkel Max schon da?» Er nickte. «Zeigen Sie

bitte meiner Freundin ihr Zimmer. Ich komm gleich nach.»

Ich folgte Anton, der mit meinem Koffer in der Hand gemessen vor mir herschritt, treppauf, treppab, endlose Flure entlang, vorbei an Schränken und Truhen und an Wänden voller Waffen, Jagdtrophäen und alten Stichen. Anton versäumte nicht, mich auf die Sehenswürdigkeiten des Hauses aufmerksam zu machen. «Diese Kugel traf einen der Vorfahren des Herrn Grafen und prallte an einer Tabaksdose ab.» Er deutete auf einen Glassturz, unter dem ein Stück Blei auf rotem Samt zu sehen war.

Dann setzte er den Koffer neben einem ausgestopften, grimmig blickenden Wildschwein ab. «Dieser Eber richtete großes Unheil an. Er biß im Wald ein Kind aus dem Dorf tot. Später wurde er vom seligen Herrn Grafen erlegt.» Ein großer Stammbaum bedeckte mit seinen Ästen die halbe Wand hinter einem Billardtisch. «Unsere Ahnen.»

Wir hatten das Gastzimmer erreicht, einen riesigen Raum mit schweren Mahagonimöbeln. Der Diener stellte den Koffer ab und warf einen Blick in den Waschkrug. «Mal wieder kein Wasser. Wenn man seine Augen nicht überall hat!» Er verschwand, nachdem er noch die halboffene Schranktür geschlossen hatte.

Auf blankgebohnerten, knarrenden Dielen ging ich zum Erker. Ich öffnete nach einigen Mühen eines der stark klemmenden Seitenfenster und beugte mich hinaus. Unter mir lag der Park. Die Kronen der Bäume ragten fast bis zum Fensterbrett. Mauersegler schossen durch den Sommerhimmel.

Nach einer Weile kam Viktoria herein. Sie sah zerzaust aus, und ihr Gesicht glühte. «Hab nur schnell Onkel Max begrüßt.»

Plötzlich begriff ich. «Man sieht's», sagte ich.

«Was soll das heißen?» Viktoria wurde rot.

Wir setzten uns auf mein Bett. «Nun pack mal aus, du stilles Wasser. Man ist schließlich auch nicht von gestern.»

Ich erfuhr, daß meine Freundin und der Onkel sich in den Weihnachtsferien nähergekommen waren. Wie nahe, verriet sie nicht. Immerhin, sie hatten sich geküßt.

Mir blieb die Spucke weg. «Aber du bist doch nicht mit ihm verlobt!»

«Er hat mir so leid getan», erklärte Viktoria. «Ich hab ihn gefragt: ‹Du bist so ernst, Onkel Max, fehlt dir was?› Da hat er mich ganz traurig angesehen und gesagt: ‹Ich komme gerade vom Grab meiner Mutter.›»

«Ich denk, er stammt aus dem Baltikum?»

Meine Freundin sah mich verblüfft an.

«Na, geschwärmt hast du ja immer mächtig von ihm. Aber richtig geküßt? Einen Onkel?»

Viktoria stand auf. «Willst du ihn jetzt gleich kennenlernen?»

Während wir über Treppen und Flure in einen anderen Flügel des Hauses liefen, hörten wir, erst leise, dann immer lauter werdend, Klavierspiel und eine weiche Männerstimme, die die Ballade «Tom der Reimer» sang: «Und wenn sie leis am Zügel zog, dann klangen hell die Glöckelein.»

«Das ist Onkel Max.» Wir klopften an eine der vielen Türen. Der Onkel drehte sich auf dem Klaviersessel zu uns herum. Sein Anblick enttäuschte mich. Ich hatte ihn mir wie Karl Ludwig Diehl vorgestellt, aber er sah aus wie ein Rennreiter, klein und drahtig, und seine Gesichtszüge hatten nichts von der edlen Güte meines Filmlieblings. Er begrüßte mich mit melodischer Stimme und gab sich sanft und etwas melancholisch. Doch seine Augen musterten mich wachsam und ironisch.

Ein Gong ertönte. Mit einem Schlag belebte sich das Schloß. Türen klappten, Stimmen waren zu hören, ein Hund bellte und wurde von einer Männerstimme ermahnt: «Schön still, mein kleiner Ratzeputz, und nicht aufs Bett gesprungen!»

«Geht schon vor, ich komme nach», sagte der Onkel.

Das Eßzimmer war voller Menschen. Ich begrüßte meine Gastgeber und bekam meinen Platz zugewiesen. «Du sitzt neben dem Pulverschwein», flüsterte Viktoria mir noch schnell zu. Dann sprach ihr jüngster Bruder das Tischgebet. Wir setzten uns.

Ich betrachtete meinen Nachbarn, von dem mir Viktoria schon erzählt hatte. Der pensionierte Oberst wurde «Pulverschwein» genannt, weil ihm im Weltkrieg explodierendes Pulver das Gesicht für immer geschwärzt hatte. Er war ein kugeliger alter Herr, der gelegentlich einen diskreten Rülpser von sich gab, was die Damen indignierte. Er zeigte großes Interesse an meiner Familie, und ich rasselte fast schon wie ein Gebet herunter, was er wissen wollte. Mehr als an Vaters Werdegang zeigte er sich an Mutters Lebenslauf interessiert. Es stellte sich heraus, daß er als junger Offizier viel mit ihr getanzt hatte, die Cour gemacht, wie er es nannte. «Sie war ein entzückendes junges Mädchen!» Er musterte mich. «Sie kommen wohl mehr nach Ihrem Vater.»

Tante Sofie – die «keusche Sofie» –, mir schräg gegenüber, war für mich ebenfalls keine Unbekannte mehr. Erst als die Hannoveranerin fünfzig war, hatte sich ein Bewerber um ihre Hand gefunden. Ein Preuße zwar, aber dafür fest entschlossen, sie zu heiraten. Tante Sofie blühte auf, sang «Ich bin eine wilde Komteß» und bestand darauf, in Schleier und Kranz getraut zu werden. Doch zum Entsetzen der Familie kehrte sie noch in der Hochzeitsnacht wieder in ihr Elternhaus zurück. Was der Bräutigam von ihr verlangt hatte, ging über ihren Verstand. Der Ehemann nahm es mit Gleichmut auf. Die Mitgift, die er mit Einverständnis seines Schwagers zur Instandsetzung des Schlosses benutzt hatte, konnte nicht mehr zurückgegeben werden. Man nahm es vornehm hin. Preußen waren nun mal so.

Ich nahm zum zweitenmal vom Nachtisch und hörte den Gesprächen um mich herum zu. Gegen die Gästeflut in diesem Haus waren wir in unserem Forsthaus ja geradezu Einsiedler!

«Habt ihr immer soviel Besuch?» fragte ich Viktoria, nachdem die Tafel aufgehoben war. Sie nickte gleichmütig.

Am frühen Nachmittag zeigte mir Viktoria die Ställe.

Kälber nuckelten gierig an unseren Fingern, und der Zuchtbulle klirrte drohend mit der Kette. In den Leutehäusern empfing man uns freundlich – «Na, Komtesse, auch mal wieder daheeme?» – und bewirtete uns mit backofenwarmen Plattenkuchen und Zichorienkaffee. Anschließend durchstöberten wir, von Rabanus und Luise, der Braut, begleitet, das Schloß vom Keller bis zum Dachboden. Anton, dem wir begegneten, legte mahnend den Zeigefinger auf die Lippen. «Die Herrschaften halten noch Mittagsruh.»

Den Festvorbereitungen gingen wir in den folgenden Tagen möglichst aus dem Wege. Rabanus machte weite Ritte mit mir und gab damit an, was für tolle Burschen sie auf der Kriegsschule seien. Er nahm mich mit auf die Jagd und kletterte mit mir auf einen schon recht morschen Hochsitz. Auf dem schmalen Sitz war wenig Platz. «Nun man nicht so spröde», sagte der Reichsgraf, und wir merkten gar nicht, daß ein kapitaler Bock sich fast den Rücken an der Leiter schupperte.

Am Sonntag morgen beschlossen Rabanus und seine Geschwister, den Gutsnachbarn, einem kinderlosen Ehepaar, einen Besuch abzustatten. Das Ehepaar, das in beschaulicher Ruhe auf der Terrasse den Morgenfrieden genoß, sprang beim Nahen unserer schnaubenden Pferde verstört auf. «Wollt ihr uns Gesellschaft leisten, Kinder?» Ihre Frage klang alles andere als freudig.

Im Handumdrehen hatten wir Honig- und Marmeladentöpfe geleert und den Aufschnitt abgeräumt. Nachdem kein Ei mehr im Körbchen zu finden war und wir die letzte Scheibe Schinken in uns hineingestopft hatten, verabschiedeten wir uns. Sie sahen zu, wie wir mit viel Wirbel wieder auf unsere Pferde kletterten, und winkten uns erleichtert nach: «Grüßt eure lieben Eltern!»

«Wie sie sich gefreut haben, die armen Alten.» Rabanus gab das Zeichen zum Antraben.

Rabanus imponierte mir, aber auch Onkel Max begann mir immer besser zu gefallen. Der hörte einem wenigstens zu, und was der alles wußte! Dabei sah man ihn eigentlich nur mit «Wild und Hund» oder der Tageszeitung in einer Ecke sitzen. Von Viktoria erfuhr ich, daß er irgendeine Tätigkeit in einem Rennverein ausübte und früher selbst Rennen geritten war, bis er sich die Schwindsucht angehungert hatte. Nun war er bei den Rennen mehr am Totalisator zu finden. Er gefiel sich gern in einer feinsinnig-schwermütigen Pose, die er allerdings sehr schnell vergaß, als wir eines Tages Rabanus zusahen, wie er sich auf einem jungen Pferd versuchte und dabei abgeworfen wurde.

«Will er nicht, der Schinder? Laß mich mal!» Der elegische Onkel bekam blitzende Augen und stieg in den Sattel. Das arme Tier wußte gar nicht, wie ihm geschah. Es gab sehr bald nur noch ein ergebenes Prusten von sich und trabte gehorsam im Kreis.

Die keusche Sofie betrachtete das Treiben des Onkels argwöhnisch. Diese älteren, ledigen Herren waren gefährlicher als junge Burschen. Sie schlichen sich in das Vertrauen der jungen Dinger, gaben sich väterlich-verständnisvoll und knutschten sie dann unversehens hinter den Karnickelställen ab. Tante Sofie konnte da Geschichten erzählen! «Aber du, liebe Adelheid», sagte sie zu Viktorias Mutter, «siehst ja bei jedem Menschen in einen goldenen Topf.»

Doch ganz ohne Wirkung schienen ihre Reden nicht zu bleiben. Viktoria und ich saßen mit dem Onkel in der Bibliothek. Während draußen der Regen pladderte, becircte er uns mit seiner schwermütigen Stimme und Münchhausen-Gedichten. Da tauchte die Hausherrin überraschend auf. «Ich suche euch überall. Ihr sollt Mamsell zur Hand gehen. Es gibt noch eine Menge zu tun. – Ach, Max», sagte sie mit gedehnter Stimme, «du bist auch hier?»

Der Onkel, der zwischen uns gesessen hatte, erhob sich würdevoll. «Ich wollte gerade ins Dorf und die Briefe für dich einstecken, liebe Adelheid.»

Einen Tag vor dem Polterabend faßte Viktoria einen kühnen Plan. «Komme, was da wolle, ich laß mir die Haare abschneiden. Machst du mit?» Ich war Feuer und Flamme. Singend radelten wir am Fluß entlang bis zur Kreisstadt. Niedergeschlagen kehrten wir zurück. Nur eine leichte Dauerwelle hatte uns der Friseur versprochen, und wie sahen wir nun aus? Unsere negergekrausten Häupter in Kopftücher gehüllt, ließen wir den Spott der Familie über uns ergehen. Onkel Max tröstete uns: «Ich kenne in Berlin einen exzellenten Friseur, der bringt euer Haar wieder in Ordnung.»

«Daß du mir die Mädchen nicht während der Schulzeit einlädst», sagte Viktorias Mutter sehr bestimmt.

«Du weißt, Fräulein von Rembold schätzt solche Extratouren nicht.»

Der Onkel zwinkerte uns zu.

Damit Luise nach dem anstrengenden Polterabend wieder zu Kräften kam, brachten wir ihr das Frühstück ans Bett. Wir saßen um sie herum und sahen zu, wie die ätherische Braut Unmengen von Marmeladenbroten in sich hineinmampfte.

«Nun ist es vorbei mit dem Lotterleben.» Viktoria goß ihr Kaffee nach. «Deine Schwiegermutter liebt doch das Geflügel so. All die vielen niedlichen Hühnchen, die du füttern und schlachten darfst!»

«Hör auf!» wehrte Luise halb lachend, halb verängstigt ab.

Die Nanna, die schon in der zweiten Generation in der Familie war, kam herein und legte ihr ein Päckchen aufs Bett. «Will's dir jetzt schon geben, Lieschen.»

Wir räumten das Tablett beiseite, und die Braut wickelte auf der freigewordenen Bettdecke eine Korallenkette aus.

«Die hat sich mein Mäuschen doch schon gewünscht, als sie noch ein kleines Mädchen war», sagte die Nanna. «Am Sonntag durftest du sie manchmal tragen. Weißt du noch?»

Luises Gesicht bekam einen sonderbaren Ausdruck.

«Na, na», sagte ihr Bruder, «wir werden doch nicht weinen.»

Luise hatte sich schnell wieder gefaßt. «Die Kette trag ich zur Trauung.»

Die Nanna wehrte erschrocken ab. «Das wäre Frau

Gräfin bestimmt nicht recht. Da mußt du den Familienschmuck tragen.»

«Ach was, auf das olle Collier von meiner Schwiegermutter pfeif ich.» Luise war plötzlich wieder ganz fröhlich geworden.

Als sie sich tatsächlich weigerte, das Collier ihrer Schwiegermutter anzulegen – «Mit dem Ding behänge ich mich nicht!» –, stoben für einen Augenblick die Funken. Der Bräutigam, dessen Maulfaulheit von seiner Mutter als «zurückhaltender Charme» bezeichnet wurde, versuchte grinsend zu vermitteln. «Aber Mama, wenn sie nun mal nicht will.» Die Schwiegermutter gab schließlich nach. Sie fand bestimmt noch passendere Gelegenheiten, sich bei der Schwiegertochter durchzusetzen.

Nach der Trauung in der Schloßkapelle setzte man sich zu Tisch. Anton machte mich beim Servieren diskret darauf aufmerksam, daß ich vom Putenfleisch lieber ein Bruststück nehmen sollte. «Das Tier ist ein bißchen viel gerannt.»

Das Pulverschwein klopfte ans Glas. Es wurde still. Er erhob sich. «Liebes junges Paar, endlich ist nun der Tag gekommen, da ihr eure Hände vor dem Altar zum Bund fürs Leben ineinandergetan habt. Lieber Hans Georg, meine Familie erwartet von dir, daß du dieses Reis unseres alten Stammes hegen und pflegen wirst, so daß der von ihr ausstrahlende Sonnenschein, der ihr Elternhaus bisher erleuchtet hat, auch in deinem Haus fest und immerdar – fest und immerdar –» Der Oberst hatte den Faden verloren. Er setzte sich mit einem diskreten

Rülpser. Tante Sofie schluchzte laut, und wir blickten mit unterdrücktem Kichern auf unsere Teller.

Die Stimmung bei Tisch wurde lebhafter. Tante Sofie disputierte angeregt mit dem Pastor über den Trauspruch, und das Pulverschwein schäkerte unter Onkel Max' sardonischen Blicken mit Viktoria. Rabanus und seine Vettern sprangen jedesmal auf und schlugen die Hacken zusammen, wenn ihnen zugetrunken wurde. Man sah es voller Rührung. Auf diese Jugend konnte man stolz sein.

Als Verstärkung zum Tanzen waren von der benachbarten Garnison Offiziersanwärter mit ihrem Leutnant angerückt. Der Fähnrichsvater war sich seiner verantwortungsvollen Aufgabe bewußt – «Tadelloses Benehmen bitte ich mir aus!» – und hielt die Augen jederzeit offen. Als einer der Fähnriche zu vorgerückter Stunde beim langsamen Walzer seine Nase zu tief in den Ausschnitt seiner Partnerin hängen ließ, rief er ihn zur Ordnung: «Was macht das denn für einen Eindruck. Dann gehen Sie doch mit ihr in den Park den Mond bekucken, Mann!» Ein zweiter mußte von seinen Kameraden abgeschleppt werden, weil er hinter Antons Rücken der Witwe Clicquot zu reichlich zugesprochen hatte.

Den Abschluß der Hochzeit bildete eine Polonäse durchs Schloß. Wir tobten durch Zimmer und Flure und brachten die Motten in dem ausgestopften Eber in Panik, die in ganzen Schwärmen herumflatterten und sich in unseren Haaren verfingen.

Ein paar Tage darauf packte ich meine Koffer. Den

Rest der Sommerferien sollte ich zu Haus verbringen. Die Familie hatte sich bereits zu meiner Verabschiedung in der Halle versammelt, nur Viktoria ließ auf sich warten.

«Wo bleibt sie nur?» Ihre Mutter rückte nervös ein Bild gerade.

Ich bot mich an, in ihrem Zimmer nachzusehen. Aber dort war sie nicht. Ich fand sie bei Onkel Max. Sie saßen über verblichene Fotos gebeugt, und er hatte den Arm um sie gelegt.

«Ich muß los», rief ich, plötzlich mißlaunig. «Der Wagen ist schon da.»

Aus dem Küchentrakt klang laute Marschmusik herauf. Dann hörte man den Sprecher, der von neuen Übergriffen der Polen auf deutsches Gebiet redete. Man konnte ihn bis in das Zimmer verstehen. Onkel Max lächelte mich an. Sacht blies er mir den Rauch seiner Zigarette ins Gesicht. Es war wie eine Liebkosung. Verdammter Onkel!

«Halt dich ran, Kleine», sagte er. «Viel Zeit wird man euch nicht lassen.»

7

Der Ausbruch des Krieges war für mich ein willkommener Anlaß, mit der Schule aufzuhören. Wir besuchten jetzt vom Internat aus die Oberschule für Mädchen in der Stadt, und ob ich dort das Abitur schaffen würde, war fraglich. Außerdem munkelte man, daß vom Herbst 1940 an die sechsmonatige Arbeitsdienstpflicht auf ein ganzes Jahr verlängert werden sollte. Vater sagte: «Mach, wie du denkst, Kind.» Mutter war entsetzt: «Du willst dich freiwillig zum RAD melden, wo du gerade siebzehn geworden bist? Wen lernst du da schon Vernünftiges kennen?»

Aber ich hatte es mir nun mal in den Kopf gesetzt, und Mutter gab schließlich nach. Bis zu den Weihnachtsferien mußte ich allerdings weiter im Internat bleiben und einen Kurs für Steno und Schreibmaschine belegen.

Auf dem Meldeamt des RAD gab man sich wohlwollend, als meine Personalien in die Stammrolle eingetragen wurden. Schon so viele Jahre von zu Hause weg? Da machen wir mal eine Ausnahme, nicht wahr, und schicken das Mädel nicht so weit fort.

«Gnädiges Fräulein wollen wohl Arbeitsdienstführerin werden?» meinte der Amtsarzt, ein älterer Herr mit Schmissen, während er oberflächlich an mir herumklopfte. «Sagen Sie mal 99.» Er war schnell mit der Untersuchung fertig und setzte das durch meinen Eintritt unterbrochene Gespräch mit der Helferin fort. Wie ich mitbekam, hatte es Ärger mit seiner Frau gegeben, weil er mit blutverschmiertem Jackett von der Jagd heimgekehrt war. Ein wenig abwesend sah er mir zu, wie ich Pfennige in die Strümpfe schob, um sie am Strumpfhalter zu befestigen. «Da habe ich meiner Gattin mit dem alten Jägerspruch geantwortet: ‹Der Jäger bleibt in seiner Zier, wenn er entkleidet des Waldes Tier.› – Der nächste, bitte.»

Seitdem sie uns nicht mehr unterrichten mußte, war Fräulein von Rembold sehr viel umgänglicher geworden. Sie erlaubte sogar, daß Viktoria, Irene und ich Anfang Dezember auf Besuch zu Tante Maisi fuhren. Die Tante war von der Ostsee nach Berlin umgezogen und hatte, gutmütig wie sie war, nichts dagegen, daß ich gleich zwei Freundinnen mitbrachte. Nur mit der Verdunkelung stellte sie sich an. Im Klo durfte kein Licht gemacht werden, weil das Verdunkelungspapier einen Riß hatte. Sie schenkte jedem von uns eine Leuchtplakette und erzählte Schauergeschichten von Unfällen, die wegen der Dunkelheit auf den Straßen passiert waren. Vor einem Vierteljahr hatte sie sich in der Großstadt noch recht einsam gefühlt. Jetzt wirkte sie durch die ersten Kriegsmonate wie belebt und steckte voller aufregender Gerüchte. Beim Milchmann hatte eine Nachbarin erzählt, wie sie in der Straßenbahn neben einer Frau gesessen habe – wahrscheinlich einer Zigeunerin –, die jedem Fahrgast auf den Kopf zusagen konnte, wieviel Geld er bei sich trug. Auf die

Frage, ob sie auch wisse, wann der Krieg zu Ende sei, habe sie versichert: «Spätestens in einem Monat.»

Während wir, in der Küche sitzend, ihr zuhörten, schmeckte sie gedankenvoll eine Gemüsesuppe ab. «Wenn man bedenkt, daß jeder Tag, an dem geschossen wird, 120 Millionen kosten soll, dann ist so ein Krieg wirklich heller Wahnsinn. Findet ihr nicht? Ganz abgesehen von den armen Menschen.» Sie tat den Deckel wieder auf den Topf. «Habt ihr schon gehört? Karl Ludwig Diehl soll in Polen gefallen sein, aber in der Zeitung ist es dementiert worden.» Der Dackel Bauzi streckte sich gähnend. Ihm schien diese Geschichte nicht neu zu sein.

Wir rutschten bei Tantes Redeschwall auf den Küchenstühlen unruhig hin und her. Es drängte uns zu Onkel Max, dem Hauptanlaß unserer Reise, dessen Wohnung Irene und ich noch nicht kannten.

«Ihr wollt schon weg?» fragte Tante Maisi enttäuscht. Das spiritistisch angehauchte Tantchen hätte so gern mit uns Tisch gerückt und mit den Lieben im Jenseits Kontakt aufgenommen.

«Dazu ist ja heut abend noch Zeit», trösteten wir sie. «Jetzt müssen wir unbedingt mal einen Bummel übern Ku'damm machen!»

Sie seufzte in arglosem Verständnis. «Amüsiert euch gut, Kinder, aber kommt nicht zu spät nach Haus.»

Onkel Max' Wohnung mit ihren schweren Ledersesseln, silbernen Zigarettenetuis und Zigarrenkästen und den Ridinger Stichen an den Wänden besaß für uns ein richtiges Junggesellen-Flair. Der Onkel hatte sich angestrengt. Es gab Schnittchen und Kuchen und sogar Sekt und Danziger

Goldwasser. Ich blieb prompt mit den kostbaren Hauchstrümpfen zweiter Wahl, die ich mir auf Abschnitt IV der Kleiderkarte mühsam errangelt hatte, an einem der Stühle hängen. Sogleich kam der Onkel fürsorglich mit einem Stück Rasierseife und berubbelte damit das Loch im Strumpf, damit die Maschen nicht weiterliefen.

Er fragte nach unseren Zukunftsplänen. Irene hatte vor, Krankenschwester zu werden. Viktoria fand, ich hätte wohl 'n kleinen Mann im Ohr, daß ich freiwillig zum RAD wollte. Ihre Devise war, abwarten und Tee trinken. Sicher gab es eine Möglichkeit, als mithelfendes Familienmitglied zurückgestellt zu werden. Sie wollte jedenfalls erst die Schule zu Ende machen und dann ins Pflichtjahr.

«In den Arbeitsdienst mußt du so oder so», gab ich zu bedenken. «Und Pflichtjahr, da ist man der Hausfrau mit Haut und Haaren ausgeliefert. Ich würde eher versuchen, mich davor zu drücken. Denk nur an deine Kusine!»

Viktorias Kusine hatte über das Deutsche Adelsblatt eine Pflichtjahrstelle bei einer Standesgenossin bekommen, und ihre Erlebnisse machten in der Verwandtschaft die Runde. Die Dame des Hauses hatte sie gleich am ersten Tag die noch teilweise aus dem Jahr 1935 stammenden Schinken vom Boden holen und ins Freie schleppen lassen. Sie mußte jeden einzelnen Schinken abwaschen und mit einem spitzen Messer den Würmern zu Leibe rücken, die sich, erschreckt über den unerwarteten Angriff nach so vielen Jahren der Ruhe, tief ins Schinkeninnere verkrochen hatten.

Uns zog es ins Kino. Wir wollten «Es war eine rauschende Ballnacht» mit Zarah Leander und Hans Stüwe sehen. Der Onkel zeigte sich lustlos. «Ich weiß nicht, Kinder, Zarah? Zu kurze Beine. Viel zu kurze Beine! Na, meinetwegen.» Wir machten uns auf den Weg. Da er seine Arme nicht gut beschützerisch um drei Mädchenschultern legen konnte, trabte ich hinterher.

Vor dem Kino hatte sich eine Schlange gebildet. Das verdroß den Onkel. Warten ließ er lieber andere. Landser drängten sich zwischen uns. «Was wollt ihr denn mit 'nem Zivilisten?»

Onkel Max war empört. «Ich bin Reserveoffizier!»

«Aber wohl schon sehr Reserve», meinten sie lachend.

«Proleten», murrte der Onkel.

Als wir unsere Plätze einnahmen, hatte die Wochenschau bereits begonnen. Wir sahen, wie unsere Kriegsmarine der englischen Seeherrschaft hart zusetzte. «Gib mir deine Hand, deine weiße Hand», sang ein Soldatenchor.

Der Onkel verteilte Bonbons. «Aber nicht zerbeißen, davon krieg ich 'ne Gänsehaut!»

«Ruhe!» und «Hut ab!» rief man von hinten. Dann kam der Hauptfilm. «Wo bleiben die Posaunen», hauchte Hans Stüwe als Tschaikowsky, ehe er, von Musik umrauscht, starb. Irene, die Rührselige, weinte. «Spar dir deine Tränen für bessere Gelegenheiten», zischte jemand.

Über die Weihnachtstage kamen auch Vera und Billi nach Haus. Vera machte eine landwirtschaftliche Lehre und konnte den Kopf gar nicht genug über unsere vorsintflutlichen Maschinen schütteln. «Für uns reicht's», meinte Vater.

Billi war inzwischen Soldat geworden. Seine Einheit lag in Breslau. Mutter hatte nur eine Sorge: er könnte sich vorschnell verloben. «Erzähl mal ein bißchen, Junge.»

Billi wühlte enttäuscht in seinem bunten Teller. «Gibt's denn dieses Jahr keine Marzipankartoffeln?»

Es wurde ein kalter Winter. Die strohumwickelte Pumpe auf dem Hof fror ein und mußte täglich mit heißem Wasser angegossen werden. Bei 20 Grad unter Null schleppte mich Vater durch den Wald und erklärte mir allerlei: wie viele Festmeter jedes Jahr geschlagen würden und warum der Gürtel Mischwald um die Schonungen wichtig sei. «Dann kann sich ein Waldbrand nicht so schnell ausbreiten.» Er zeigte mir seine Douglasien. «Sind sie nicht eine Zierde für jeden Wald?» Wir stapften stundenlang durch den Schnee, bis meine Zehen so gefühllos waren wie Vaters zerschossenes Bein.

Gelegentlich kam Onkel Hans herübergeritten. Einmal stand ich gerade auf dem Hof, als er vom Pferd sprang. Einen Augenblick dachte ich: Der kriegt es fertig und drückt dir die Zügel in die Hand so wie früher. Aber er sagte nur: «Du bist ja richtig erwachsen geworden», und führte den Wallach selbst in den Stall.

Manchmal unterbrachen auch Vettern unseren Winterschlaf oder Söhne von Mutters Freundinnen. Sie fischten mit uns auf dem zugefrorenen See an Eislöchern oder gingen mit Vater Enten schießen. Am Nachmittag legten sie Platten auf und tanzten mit mir –

«Mach dich nicht so steif im Kreuz» –, und am Abend führten sie mit Vater ihre Männergespräche. Sie schwadronierten herum, sprachen begeistert von ihren Kommandeuren und daß «dieser Gefreite» ja keinen Schimmer habe. Sie platzten fast vor Stolz auf ihre im Polenfeldzug erworbenen Auszeichnungen, aber wenn man sie fragte, aus welchem Anlaß sie ihr EK II bekommen hätten, wehrten sie ab und lobten statt dessen die polnische Kavallerie und wie schneidig die doch gewesen sei. Ich saß dabei, bestrich meine Nägel mit «Cutex flüssig», blätterte in der Berliner Illustrirten und betrachtete mir die Abenteuer der fünf Schreckensteiner und Kapitänleutnant Prien, den Sieger von Scapa Flow, mit Gattin. Erst wenn das Petroleum in der Lampe zur Neige ging, trennten wir uns. In ihren Betten schnurrten die Helden dann wieder zu kleinen Jungen zusammen, ließen sich von Mutter einkuscheln – «Ist dir warm genug?» – und Geschichten aus ihren Kindertagen erzählen. «Bin ich wirklich mal im Kinderwagen im Park vergessen worden?» Mutter nickte. «Der Nachtwächter hat an das Schlafzimmerfenster von deinen Eltern geklopft und in seiner üblichen gewählten Ausdrucksweise gefragt: ‹Haben Frau Baronin die Absicht, den jungen Herrn die ganze Nacht draußen stehen zu lassen? Es naht ein schweres Gewitter!›»

Auch Rabanus kam zu Besuch. Nach dem Blitzkrieg hatte er einige Wochen mit Scharlach im Lazarett gelegen und viel von seiner federnden Energie verloren. Wir spazierten durchs Dorf, aber zu meiner Enttäuschung sah niemand aus den bis zur Hälfte mit Wolldekken verhängten Fenstern. Wir gingen zum See und schlitterten, vom Ostwind getrieben, über das Eis, das sich im Frost reckte und dehnte und lange Risse bekam.

Rabanus war in sich gekehrt und muffelig und sichtlich nicht in der Stimmung, ein bißchen zu schmusen. Er beklagte sich über das Essen im Lazarett und andere Nichtigkeiten. Verdrießlich hörte ich ihm zu. Ich wollte etwas über den Krieg erfahren, der natürlich gräßlich war, aber gleichzeitig auch eine Art erhabenen Schauer erzeugte, ähnlich wie der Große Zapfenstreich. Die miesepetrige Schwermut meines Flirts reizte mich. Sie war so ganz anders als die von Onkel Max erzeugte parfümierte Melancholie bei Kerzenschein und Rilke – «Die Blätter fallen, fallen wie von weit . . .»

«Ach Rabi», sagte ich ungeduldig und stupste ihn leicht. «Sei nicht so ein Trauerkloß.» Er sah den Wildgänsen nach, die in langen Formationen in die flammende Sonne flogen. Ich hatte ihn verletzt. «Was hast du mit deiner Nase gemacht», fragte er. «Erfroren?»

Wir kehrten um.

Zu Hause warteten sie schon mit dem Mittagessen auf uns. Es gab Kartoffelklöße, Hasenbraten und Sauerkraut. Ich ließ es mir schmecken, aber Rabanus zeigte wenig Appetit. Die Eltern sahen sich an. «Wir brauchen Häcksel», erklärte Vater. Was bedeutete, daß ich hinter den Pferden am Göpel der Dreschmaschine gehen mußte.

«Aber doch nicht heute!» rief ich.

«Unser Gast wird sich sicher ganz gern nach dem

Mittagessen ein Stündchen hinlegen, da bleibt Zeit genug», meinte Vater.

«Du denkst dir auch immer die größten Vergnügungen aus.» Ich war wütend.

«Ja, so bin ich nun mal», sagte Vater.

Ich zog mir den Lodenmantel an und ging türenknallend aus dem Haus und hinter die Scheune. Die Pferde waren bereits angespannt. Sie schienen ebensowenig Lust zu haben wie ich. Es war zu kalt, um sich auf den Göpel zu setzen. So marschierte ich mit ihnen im Kreis herum. Zeit zum Nachdenken hatte ich genug. Ich ärgerte mich weiter über Rabanus. Der war vielleicht stoffelig geworden. So tranig hatte ich ihn gar nicht in Erinnerung. Und dann auch als Leutnant in Zivil aufzukreuzen! Ich schnitzte den Pferden eins mit der Peitsche über. Sie kamen sofort aus ihrem Trott und schlugen eine schnellere Gangart an. Der Knecht steckte den Kopf aus dem Scheunentor. «Biste verrückt? Willste, daß der Riemen abspringt?»

Als ich ins Haus kam, saß Rabanus bereits wieder mit den Eltern im Wohnzimmer. Er wirkte entspannter und erzählte Mutter lustige Jagdgeschichten und wie er einmal bei einer Treibjagd eine Ladung Schrot ins Bein bekommen hatte. Ich setzte mich an den Ofen und hörte zu. Meine Zuneigung kehrte zurück. Als er kurz das Zimmer verließ, um sein Zigarettenetui zu holen, sagte Mutter zu Vater: «Wußtest du, daß sie seinen besten Freund gerade aus der Wehrmacht ausgestoßen haben, weil er Halbjude ist? Dabei ist er im Polenfeldzug noch mit dem EK I ausgezeichnet worden. Kein Wunder, daß der Junge total durcheinander ist.»

«Wie hast du denn das wieder aus ihm herausgequetscht?» fragte Vater.

Mutter wirkte beleidigt. «Das war nun wirklich nicht schwer. Er ist ja voll davon. Man muß nur zuhören können!»

Sie sah mich an. «Ein besonders netter Junge, dieser Bruder von Viktoria.» Es klang wie früher, wenn sie zu mir sagte: «Ein besonders hübsches Kleid, warum willst du es eigentlich nicht tragen?»

Im April war es dann soweit. Vater brachte mich zur Kleinbahn. Laken und Wiesen waren noch überschwemmt, und die Räder sanken tief ein. «Mach dich nicht so schwer.» Vater trieb die Pferde an. Diesmal sagte er beim Abschied nicht: «Keinen Seelenmatsch», sondern meinte: «Wenn du zurückkommst, werde ich wohl nicht mehr da sein.»

«Bis dahin ist der Krieg längst vorbei», sagte ich, «und außerdem, du mit deinem kaputten Bein wirst sowieso nicht eingezogen.»

«Ach, Kind», sagte Vater.

8

Das RAD-Lager war umständlich zu erreichen. Ich mußte ein paarmal umsteigen. Beim letzten Stück geriet ich in ein Abteil mit drei Mädchen, die anscheinend demselben Ziel wie ich zustrebten. Zunächst waren wir sehr förmlich – «Wenn Sie mich bitte mal ans Fenster lassen würden.» Dann begannen wir uns gegenseitig vorsichtig auszufragen. Verstohlenes Angrinsen brachte mir zwei von ihnen rasch näher.

Zu unserer Verwunderung trug nämlich eines der Mädchen ein weißes Taftkleid. Wir zogen sie ein bißchen damit auf. So festlich in den RAD? Das ist ja der reinste Hochzeitsstaat! Es stellte sich heraus, daß das Mädchen am Vorabend mit Freunden Abschied gefeiert und keine Zeit mehr gehabt hatte, nach Hause zu fahren und sich umzuziehen. «Meine Eltern haben mir meine Sachen zum Bahnhof nachgebracht. Aber jetzt zieh ich das Kleid wohl besser aus.» Sie holte sich Rock und Bluse aus dem Koffer. Als sie gerade im lachsfarbenen Unterrock dastand, hangelte sich der Schaffner am Fenster vorbei und öffnete die Abteiltür, um die Fahrkarten zu kontrollieren.

Wir tauschten unsere Namen aus, und Waltraud, die bis jetzt als Hausgehilfin tätig gewesen war, schlug vor, sich zu duzen. «Mit einer Adligen? Da möcht ich mal meine

Mutter hören», sagte Rosi, das Mädchen mit dem Ballkleid. Die dritte zog sich gerade lässig die Lippen nach. «Wichtigkeiten. Mein Vater ist Professor!» Rosi und Waltraud sahen sie ehrfürchtig an. Mein Glanz erlosch.

Wir überlegten, wie es im Lager sein würde. «Wo die Freizeit knapp und die Männer rar, da ist deine Heimat für ein halbes Jahr», zitierte Waltraud. Aber schlimmer als bei ihrer Frau Sanitätsrat könne es auch nicht sein. Den Rest der Fahrt unterhielt sie uns mit Geschichten über ihre Gnädige. «Die Teppiche mußte ich mit Sauerkraut abbürsten!»

«Und dann habt ihr das Sauerkraut womöglich noch gegessen», sagte Sibylle, die Professorentochter.

«So ist es.»

Wir schrien auf.

Endlich waren wir am Ziel. Der Zug hielt, und wir holten unser Gepäck aus dem Netz. Rosi hatte außer ihrem Koffer noch einen Pappkarton mit. «Vorsicht, da ist was Zerbrechliches drin!»

«Hoffentlich bleiben wir zusammen», meinte Waltraud, als wir in der Dämmerung durch den Ort trotteten, der nur ein Marktflecken zu sein schien. Das Lager befand sich auf einem Villengrundstück, einem Park mit schönen, alten Bäumen. Als wir die Tür der Villa öffneten, kam uns eine Schar von Mädchen entgegengeströmt. «Stellen Sie die Koffer im Flur ab, und treten Sie gleich draußen mit zum Appell an!» rief uns eine Führerin zu.

«Kaum die Klinke in der Hand und schon herumgehetzt», murrte Waltraud. Während ein sanfter Regen auf uns niederging, lauschten wir in Reih und Glied der Begrüßungsansprache, bei der viele Wörter mit -schaft endeten: Kameradschaft, Gemeinschaft, Bereitschaft. Dann gab es die ersten Instruktionen. «Das Klo ist die Visitenkarte des Lagers ...»

Wir Nachzügler wurden mit einer Kameradschaftsältesten in den Eßraum zum Abendbrot geschickt. «Beeilt euch. Ihr müßt noch in die Kleiderkammer!»

Dort empfing uns eine ältere, etwas konfuse Verwalterin. «Ach, du liebe Güte, noch welche! Nimmt das denn kein Ende?» Außer der Uniform, einer Windjacke, Kleidern, Unterwäsche, Stiefeln und Schürzen bekamen wir Wäschebänder mit Nummern ausgehändigt, die wir einnähen sollten.

Der Weg zur Kleiderkammer hatte uns an mehreren kleinen Schlafräumen vorbeigeführt. Sie waren, wie wir durch die halbgeöffneten Türen sehen konnten, mit je sechs Betten belegt, hießen «Bienenkorb» und «Schwalbennest» und wirkten recht freundlich. In welchen wir wohl kommen würden? Die Kameradschaftsälteste sah auf ihre Liste: «Ihr seid alle meiner Kameradschaft zugeteilt, der ‹Walhalla›.» Sie gab uns ein Zeichen, ihr zu folgen, und öffnete die Haustür.

«Wohin gehen wir denn?» fragten wir verblüfft.

«Das werdet ihr gleich sehen. Wir müssen durch den Park.»

Wahrscheinlich ein Pavillon ganz für uns allein. Das war ja phänomenal! Mit unseren großen Bündeln mühsam die Balance haltend, trabten wir hinter ihr her. Vor einer Baracke, die mehr einem Geräteschuppen glich, hielten wir an. Sie ließ uns eintreten. Die Unterkunft mit dem vielversprechenden Namen entpuppte sich als ein kahler Raum mit gekalkten, schmuddeligen Wänden, zwölf Betten, je zwei übereinander, Hockern daneben und einem großen Tisch. Eine Kugellampe an der Decke war die einzige Beleuchtung. Die anderen Maiden lagen schon in ihren Betten. Es gab weder Klo noch Waschraum, und die Schränke waren in einer Abstellkammer untergebracht.

Das Kinn auf unsere Kleiderstapel gepreßt, starrten wir verbiestert. Die Kameradschaftsälteste grinste: «Nun kuckt nicht, als fehlten euch neunundneunzig Pfennig an der Mark! Die Villa war zuletzt ein Krankenhaus und die Baracke hier die Leichenhalle.»

Es war Rosis Verdienst, daß uns die Schwermut nicht völlig übermannte. Nachdem wir unsere Koffer aus dem Haupthaus geholt und unsere Sachen unter Anleitung der Kameradschaftsältesten – «Kante auf Kante bitte ich mir aus!» – in den Spinden verstaut hatten, rief Rosi: «Seht mal, hier!» Wir waren freudig überrascht. Rosi hatte einen Volksempfänger mitgebracht. War das denn erlaubt? Wir sahen unsere Kameradschaftsälteste etwas unsicher an. Die lachte ganz merkwürdig. «Von mir aus!»

Was fand sie daran so komisch? Na, Hauptsache, wir konnten das Radio behalten. Ganz deutlich hatten wir bereits unsere Lieblinge im Ohr: Rosita Serrano, Marika Rökk und Kammersänger Herbert Ernst Groh. Etwas zuversichtlicher gestimmt, hängten wir uns als Schutz gegen den Nieselregen Wolldecken über unsere

Schlafanzüge und liefen zum Waschen ins Haupthaus. Zwei der Duschen waren außer Betrieb. Aus der dritten tröpfelte kaltes Wasser. So krümmten wir uns fröstelnd über die Aluminium-Waschschüsseln, die auf einem niedrigen Lattentisch standen.

In der Walhalla war es kellerig, und die Betten waren klamm. Wir zogen unsere Trainingshosen über, denn die zwei Wolldecken waren reichlich dünn. Waltraud gab mir den Rat, meinen Koffer auf die Beine zu legen – «Der ist aus Pappe, und Papier wärmt.» Sie versuchte das Kanonenöfchen in Gang zu bringen, aber das Holz war zu grün. Ein wenig Musik wäre trostreich gewesen. Die Kameradschaftsälteste schüttelte den Kopf. «Jetzt wird geschlafen!»

Um halb fünf wurden wir durch eine muntere Stimme geweckt. Sie gehörte, wie wir bald erfuhren, Wirtschaftsleiterin Gisela. Sie hatte den Rang einer Maidenunterführerin, abgekürzt «Muf», und stand mit der deutschen Sprache etwas auf Kriegsfuß: «Raus aus die Betten und mich kein Hemd unters Trainingszeug gezogen!»

Im Dauerlauf keuchten wir aus dem Lagertor. Außer Atem kehrten wir in unsere Baracke zurück. Noch vor dem Frühstück ließ man den Tag über die blauen Hügel ins Land reiten und uns – halli, hallo! – mit einer hölzern Wurzel übern See, übern See rudern. Damit wir wacher wurden, durften wir uns während des Singens nicht setzen. Nachdem wir anschließend unsere Milchsuppe gelöffelt hatten, wurden die Dienste in Haus, Garten und Waschküche eingeteilt. Dann ging's an die Arbeit.

Laut Lagerordnung hatten wir über Mittag eine Stunde im Bett zu liegen. Kaum waren wir nach dem Mittagessen wieder in der Walhalla, drängten wir uns um Rosi. «Jetzt möchten wir Musik hören!»

Das Mädchen hatte wirklich an alles gedacht, sogar an eine Verlängerungsschnur. Sie sah sich um: «Wo gibt's denn hier 'ne Steckdose?» Wir halfen ihr beim Suchen und krochen überall herum. Die Kameradschaftsälteste saß am Tisch und beobachtete uns mit verstohlenem Grinsen. Schließlich wurde uns klar, weshalb sie am Abend vorher so schadenfroh gelacht hatte. In dieser verdammten Baracke gab es keinen einzigen Anschluß!

Unser Mißgeschick sprach sich schnell herum. In den anderen Kameradschaften war man plötzlich sehr um Rosi bemüht. Ja, man hofierte sie geradezu. Wir waren eine knappe Woche im Lager, und schon wurde sie von der Kameradschaftsältesten des Schlafraums «Die Sägemühle» zu Kaffee und Kuchen eingeladen. Die Kameradschaftsälteste stand kurz vor der Ernennung zur Jungführerin und hatte dementsprechend mehr zu sagen. Sie stopfte Rosi mit Marmorkuchen voll, während die anderen Maiden drum herumstanden und sich die Lippen leckten.

Ob Rosi nicht lieber umziehen wolle? In der Sägemühle bekomme sie sogar ein Bett mit Sprungfedermatratze. Die Kameradschaftsälteste senkte die Stimme: Die Lagerführerin habe bereits beanstandet, daß bei ihnen zwei Abiturientinnen untergebracht seien. So viele Intellektuelle täten der Gemeinschaft nicht gut. Man könne tauschen. Sie werde das arrangieren.

«Aber ich will auf keinen Fall in die Walhalla», wehrte sich entsetzt eine der Abiturientinnen. Sie war gerade zur Tür hereingekommen und hatte die letzten Worte der Kameradschaftsältesten gehört: «Die sind da so furchtbar roh!»

Die Kameradschaftsälteste warf ihr einen unfreundlichen Blick zu. Sie hatte nicht vergessen, daß diese hochmütige Person ihr hellblaues Briefpapier mit den schnäbelnden Täubchen als «Dienstmädchenpapier» bezeichnet hatte. Sie wandte sich wieder Rosi zu: «Da hörst du mal, was für einen Ruf ihr habt. Stimmt's, daß sie dir gleich am ersten Tag die Bretter aus dem Bett genommen haben?»

«Das war doch nur ein Scherz», verteidigte Rosi uns und wischte sich die Kuchenkrümel vom Mund.

«Masochistin», sagte die Abiturientin.

«Kannst du uns wenigstens den Apparat mal leihen», schlug die Kameradschaftsälteste vor, «wenn du schon nicht umziehen willst?» Rosi versprach, es sich zu überlegen.

Als sie uns davon berichtete, gerieten wir ganz außer uns. «Tu's nicht! Tu's nicht! Die machen ihn dir bestimmt kaputt.»

Hinter ihrem Rücken flüsterte eine aus der Walhalla uns sogar zu, wir sollten denen von der Sägemühle Knete in die Steckdose stopfen, dann käme Rosi gar nicht in Versuchung. Aber das lehnten wir alle vornehm ab.

Rosi erhob sich seufzend. «Ich muß in den Schweinestall.» Sie war für eine besonders verantwortungsvolle Aufgabe ausgewählt worden: Man hatte ihr das Lagerschwein Ella anvertraut. Kein leichtes Amt, denn Ella war der besondere Liebling der Lagerführerin.

Maidenoberführerin Traute Lindner, unbestimmten Alters, verkörperte nicht gerade die nordische Rasse: Sie war klein und dunkel. Die monumentalen Statuen von Arno Breker, Sonnenaufgänge und Sonnenwendfeuer versetzten sie allerdings zeitgemäß in sanfte Ekstase. Auch war sie bei aller Nüchternheit im täglichen Umgang eine romantische Seele: Ohne Kerzenlicht konnte für sie keine richtige Stimmung aufkommen. Ein klärendes Gespräch unter vier Augen mit einer bockigen Maid, eine angekündigte Sondermeldung, eine Geburtstagsfeier – stets sah man sie erst einmal ein Kerzchen anzünden und hinterher das weiche Wachs wieder sorgsam zurechtkneten.

Wenn Traute Lindner ihre vierzig albernen, kreischigen Maiden oder das Gezänk der anderen Führerinnen nicht mehr ertragen konnte, ging sie Ella besuchen. Sie setzte sich auf die Bretterwand und sah zu, wie Ella den Boden durchwühlte. Ihre Zuneigung wurde erwidert. Sobald sich die Maidenoberführerin zu ihr herunterbeugte, stieß Ella entzückte kleine Laute aus, die ganz anders klangen als ihr übliches, eher mißmutiges Grunzen. «Na, Ellachen?» Traute Lindner scheuerte ihr mit einem Stock den Rücken. «Sie hat so was Beruhigendes», pflegte sie gern zu sagen. Eine Ansicht, die Rosi nun wirklich nicht teilen konnte. Nur widerwillig war sie einer der Führerinnen in den Stall gefolgt, um sich in die neue Tätigkeit einweisen zu lassen. Verängstigt hatte sie auf das grunzende, sie böse anfunkelnde Tier gestarrt und war den Erklärungen nur mit halbem Ohr gefolgt.

Die Antipathie beruhte auf Gegenseitigkeit. Ella mochte Maiden nicht. Als sie noch ein Ferkel gewesen war, hatten sie mit ihr viel Unfug getrieben, die unmöglichsten Dinge, wie Eierschalen und Kaffeesatz, unter ihr Futter gemischt und dazu den Brei aus Quetschkartoffeln und Kleie so heiß in den Trog gegossen, daß sie sich daran die Schnauze verbrühte. Niemand schien zu wissen, daß ein anständiges Schwein zwar gern im Mist wühlt, aber ungern auf jauchedurchtränktem Stroh liegt und seinen Stall lieber sauber und trocken hat. Dann übernahm Traute Lindner das Lager, und das Blatt wendete sich. Die Maidenoberführerin holte sich bei den Bauern Rat für eine vernünftige Schweinemast und ließ für Ella einen Auslauf hinter dem Stall bauen. An den Tag, an dem Ella sich zu einem Vier- bis Fünf-Zentner-Schwein entwickelt haben würde, mochte sie lieber nicht denken.

Doch Ella hatte die schlimmen Zeiten nicht vergessen. Daß eine der Maiden sie mit einer Wurzelbürste und Seifenlauge bearbeitet hatte, schien ihr noch lebhaft in Erinnerung zu sein, denn als Rosi von der Führerin energisch in die Box geschoben wurde, schnappte die Sau nach ihrem Bein. «Hilfe! Sie beißt mich!» Rosi ergriff die Flucht.

«Sie müssen sich mit ihr anfreunden», sagte die Führerin, die es zum zweiten Frühstück mit dem Stab drängte. «Ist sie nicht ein liebes Tier?»

Das konnte Rosi nicht finden. «Ich habe Angst», rief sie.

«Aber, aber.» Die Führerin wandte sich zum Gehen. «Scheuern Sie mal den Trog, der hat's nötig.»

Fast ebenso wie vor dem Schwein fürchtete sich Rosi vor den durch den Stall huschenden Mäusen. Als sie eines Morgens sogar eine Ratte neben dem Schrotsack entdeckte, kam sie aufgeregt zu mir in die Waschküche gelaufen. «Du mußt mir helfen», flehte sie mich an. «Eine Ratte, das überleb ich nicht!»

«Aber ich kann hier nicht weg», wandte ich ein, «die Wäsche kocht mir über.»

«Nur einen Augenblick», bettelte sie.

«Also gut, aber ich muß mich beeilen.»

Unterwegs hob ich noch schnell einen Knüppel auf. Falls die Ratte sich wirklich blicken lassen sollte, würde sie was erleben. Aber sie war nirgends zu sehen, wahrscheinlich existierte sie nur in Rosis Einbildung. Dafür entdeckte ich einen Doppelstecker in der Lampenfassung. Er war wohl für ein Kabel gebraucht und dann vergessen worden. Den mußte ich unbedingt für die Walhalla organisieren. Mein Ansehen würde wachsen.

Ich holte mir den Stalleimer, kippte ihn um und kletterte in Ellas Verschlag darauf, um an die Lampe heranzukommen. Ella sprang vor Schreck senkrecht in die Höhe und stieß ihn unter meinen Füßen fort. Ich fiel und landete auf ihrem Rücken. Da drehte Ella durch. Sie zwängte sich an Rosi vorbei durch den offengebliebenen Verschlag, und weg war sie.

«Schnell! Wir müssen sie zurückholen», jammerte Rosi.

«Erst den Stecker.» Ich stellte den Eimer wieder auf und probierte es noch einmal, diesmal mit Erfolg. Dann liefen wir hinter Ella her. Sie war zum Wäscheplatz getrottet und ließ sich die feuchten Laken wollüstig über den Rücken schlappen.

«Wirst du wohl!» Ich wollte ihr eins mit dem Knüppel auf die Schwarte versetzen, aber Ella drehte sich unglücklicherweise gerade um. Der Schlag traf sie voll auf die Schnauze. Einen so markerschütternden Schrei hatte ich noch nie von einem Schwein gehört und auch noch nie ein solches Tier so rennen sehen. An Wirtschaftsleiterin Gisela, die auf dem Weg zur Waschküche war, vorbei jagte Ella durchs Lagertor.

«Da wird sich die Maidenoberführerin aber freuen», meinte Gisela genüßlich. «Ich muß den Vorfall melden. Kommen Sie man beide gleich mit.»

Die Lagerführerin hatte gerade ehemalige Arbeitsmaiden zu Besuch und war recht heiter gestimmt. Als sie hörte, was passiert war, verfinsterte sich ihr Gesicht. Ich versuchte mich zu verteidigen, aber sie hörte gar nicht hin.

«Lassen Sie die Maiden antreten», befahl sie der Wirtschaftsleiterin. «Ella muß gesucht werden. Weit kann sie ja nicht sein.»

Eigentlich war es nicht gestattet, noch unvereidigt auf Führer und Reich und ohne das Symbol der Maidenwürde, die Brosche, das Lager ohne Begleitung durch eine Führerin zu verlassen. Aber nun durften wir jeweils zu zweit in alle Richtungen ausschwärmen.

Rosi und ich hatten Glück. Wir entdeckten das Schwein ziemlich schnell. Es turnte vergnügt auf einem fremden Misthaufen herum und schien den Schrecken vergessen zu haben. Jedenfalls nahm es bei unserem Anblick nicht Reißaus, sondern ließ sich ganz gutwillig zurücktreiben. Nur in den Stall wollte es durchaus nicht. Erst als ich vorausging und lockend mit dem Eimer klapperte, folgte sie mir.

Wir atmeten auf. Doch unser Glück war nur von kurzer Dauer. Ein Bauer kam angeradelt, betrat den Stall, beugte sich zu Ella, die unruhig hin und her lief, und fluchte: «Könnt euch so passen, meine beste Zuchtsau klauen!»

Jetzt merkten wir es selbst: Dieses Schwein war sehr viel beleibter als unsere Ella. Die wurde eine Stunde später von einem Schmied zurückgebracht, in dessen Werkstatt sie aufgekreuzt war. Ella wirkte verstört und lahmte leicht. Traute Lindner sprach beruhigend auf sie ein. «Ist ja gut, Ellachen, es tut dir keiner was.»

Sie warf mir einen vernichtenden Blick zu. Ihr Zorn entlud sich erst einmal über einige Maiden, die ihre Suche bis zum Mittagessen ausgedehnt hatten und recht aufgekratzt und nach Bier riechend wieder im Lager erschienen.

Traute Lindner war, wie sie gern von sich zu sagen pflegte, kein Unmensch und auf unser Wohlergehen sehr bedacht. Sie mühte sich redlich, uns nicht in völligem Stumpfsinn versinken zu lassen und genügend Abwechslung ins Lagerleben zu bringen. Wir pinselten und malten und stellten lauter niedliche Unnützigkeiten her: Maikäfer aus Pappmaché, Zwerge aus Tannenzapfen, Engel aus Wattebäuschen. Wir sangen, tanzten, flöteten und probten Laienspiele. Sie gab ihre Bemühungen nicht auf, unser Interesse für das Wahre, Gute und Schöne zu wecken, aber es war verlorene Liebesmüh. Wir lasen weiterhin lieber Romanheftchen statt Gertrud Bäumer und probierten endlos neue Frisuren und Häkelmuster aus.

Doch jetzt war ihre Geduld am Ende. Nach der Sache mit dem Schwein hatte sie eine Wut auf mich, und da es ihr nicht lag, herumzuschreien und so ihrem Herzen Luft zu machen, bekam ich ihren Zorn in kleinen, aber nicht weniger unangenehmen Portionen zu spüren. «Nummer 31» hatte eine Waschschüssel mit Schmutzrand, Haare im Kamm, ihre Windjacke an den falschen Platz gehängt und versäumt, die Schuhe zwischen Absatz und Sohle zu putzen. Nicht nur das. Ich schlurfte auch noch mit den ungenagelten Halbschuhen derart durch die Gegend, daß die Sohlen bereits total verschlissen waren. Als mein Strohsack wieder unvorschriftsmäßig über die Bettkanten quoll wie ein aufgegangener Hefeteig in einem zu kleinen Topf und das Laken nicht straff genug gezogen war, warf mir die Maidenoberführerin einen kalten Blick zu. «Nun reicht's! Was haben Sie für Dienst? Waschküche? Dann melden Sie sich in der Freistunde bei mir.»

Zwei verstopfte Klos kamen ihr gerade recht, um

meiner vermeintlichen Dickfelligkeit beizukommen. Erst las ich das an der Klotür aufgehängte Schild, auf dem in schöner Blockschrift stand: «Auch auf diesem edlen Ort gibt es Dilettanten. Meister treffen in das Loch, Stümper auf die Kanten.» Dann machte ich mich schaudernd über die Becken her. Um die Abflüsse wieder durchlässig zu machen, mußte ich erst einmal die unappetitliche Brühe herausschöpfen. Dabei stieß ich gegen den vollen Eimer. Die überschwappende Jauche durchtränkte mein Kleid. Vier Stunden hatte ich am Vormittag in der dampfenden Waschküche gestanden, hatte die tropfnasse Bettwäsche erst in den Waschkessel hinein- und dann aus dem Kessel wieder herausgewuchtet, hatte sie auf dem Waschbrett gerubbelt, gespült und ausgewrungen und mit steifen Fingern im frischen Frühlingswind aufgehängt. Jeder Knochen tat mir weh. Meine Dauerwelle hatte sich aufgelöst, und meine von der scharfen Lauge aufgeweichten Finger sahen aus wie zerfaserter Spargel. Hysterisch begann ich den Eimer mit den Füßen zu bearbeiten. Da erschien die Lagerführerin. Traute Lindner war nur eine halbherzige Schinderin. Mein Zustand machte sie betreten. «Warten Sie, ich helf Ihnen.» Viel geschickter als ich brachte sie im Handumdrehen das zweite Becken in Ordnung. «Da sehen Sie selbst, alles halb so wild.»

Müde schlurfte ich zur Walhalla. Meine Hand ertastete in der Windjacke den Stecker. Ich hatte ihn in der Aufregung mit Ella tagelang ganz vergessen. Das würde eine gelungene Überraschung geben, die anderen würden Augen machen. Mir wurde wohler. Als ich die

Barackentür öffnete, drang Musik an mein Ohr. «Liebling mit dem blonden Haar, schlaf und träume wunderbar.» Sollte der ganze Ärger, den ich mir eingehandelt hatte, etwa umsonst gewesen sein?

«Prima, nicht?» rief Waltraud. «Rosi hat heute ein Päckchen bekommen, da war ein Lampenstecker drin.» Sie zog die Luft prüfend ein. «Du riechst ja furchtbar.» Ich brach in Tränen aus.

Traute Lindner fand es an der Zeit, mich wieder in Gnaden aufzunehmen. Ab und zu mußten die Maiden einen kleinen Dämpfer bekommen, sonst machte jeder, was er wollte. Beim Fahnenappell nickte sie mir aufmunternd zu. Ich durfte den Fahnenspruch sagen: «Genießen, ein gefährliches Wort. Wir leben, um uns auszubilden.» Danach wurde die Arbeit neu verteilt. Ihr Blick ruhte nachdenklich auf mir. Einen Augenblick hatte ich die entsetzliche Befürchtung, sie werde mich in ihrer Herzensgüte erheben und womöglich zur Schweinemeisterin befördern. Die arme Rosi mußte täglich ihr Kleid waschen, weil es so stank.

Aber ganz so weit ging die Großmut der Lagerführerin nicht. Sie hatte etwas anderes mit mir im Sinn. Von jetzt an war ich verantwortlich für den Bettenbau in der Walhalla.

9

«*Heil Hitler*, ich bin die neue Arbeitsmaid», sprach ich in das rasende Gekläff des Hofhundes und hob den rechten Arm zum vorgeschriebenen Gruß.

«Kusch dich, Bello!» Die Bäuerin hielt sich nicht lange bei der Begrüßung auf. «Dann stellen Sie mal Ihr Rad in den Schuppen, und fangen Sie gleich mit der Küche an.»

Reichels waren meine dritte Außendienststelle. Meine erste war eine Gärtnerei, in der ich aber nur ein kurzes Gastspiel gab. Der Gärtner war ein mürrischer, antreiberischer Mensch, der mich ohne Pause eintopfen, umtopfen, austopfen und schwere Zinkgießkannen über die Beete schwenken ließ – «Die Kanne nur halbvoll? Was für 'ne Zeitverschwendung!» Dann sollte ich im Treibhaus überflüssige Triebe abknipsen. Dabei muß ich etwas falsch gemacht haben, denn der Anblick seiner Pflanzen verschlug ihm die Sprache. Er brachte nur ein halbersticktes «Och» hervor und stampfte zum Telefon, um sich bei der Lagerführerin über mich zu beschweren. Traute Lindner machte mir keine Vorhaltungen. Sie schickte mich in eine kleine Fabrik. Dort sollte ich der jungen Frau des ukgestellten Fabrikbesitzers zur Hand gehen, die für zwanzig polnische Arbeiter das Mittagessen zubereiten mußte.

Meine Chefin entpuppte sich als eine zu leichtem

Doppelkinn neigende, adrette und fröhliche Blondine. Sie zeigte großes Verständnis für meine zehn linken Daumen, gab mir Gummihandschuhe, damit ich meine Hände beim Kartoffelschälen schonte, und ließ mich großzügig ihr Kalodermagelee mitbenutzen. Das jungverheiratete Ehepaar war mich nach dem Mittagessen gern los. «Wir müssen jetzt die Bücher machen. Setzen Sie sich doch in den Garten oder auf die Veranda, und nehmen Sie sich die Stopfwäsche vor.»

Der Umgang mit Zahlen schien eine belebende Wirkung auf sie zu haben, denn so nach einem Stündchen erschien sie rosig und gutgelaunt und lud mich zu einer Tasse Kaffee ein, durch die mehr als nur eine Bohne geschossen war. Während wir in der Küche saßen, bewunderte ich wieder einmal die Einrichtung. So etwas Luxuriöses kannte ich sonst nur aus Filmen. Sogar einen Eisschrank gab es.

Frau Reichels «Hausfrauenreich» konnte sich damit nicht messen. Der Spülstein war abgestoßen und die Wand hinter dem Herd schwarz vor Ruß. Dafür gab's reichlich Fliegen und einen in Holz gebrannten Spruch: «Wer sich in Sachen anderer mischt, hat nur den Ärger, weiter nischt!»

«Nu mal ran an den Abwasch», ermunterte mich die Bäuerin. Ergeben band ich mir die Schürze um, nahm den Wassertopf vom Herd und goß Wasser in eine splittrige Emailleschüssel. Flink nahm mir Frau Reichel das Imi wieder aus der Hand. «Nicht doch. Das Abwaschwasser kriegen die Schweine!» Anschließend mußte ich Küche und Flur aufwischen, Betten beziehen und Nippes und

Wachsfrüchte in der guten Stube abstauben. Zu meinem Pech setzte ich die Zentrifuge zum Milchdurchdrehen falsch zusammen. Entgeistert sah Frau Reichel, wie die Milch aus der Sahnetülle floß. «Was haben sie Ihnen denn bloß beigebracht? Gehen Sie hintern Stall und helfen Sie dem Bauern beim Mistladen.»

Während ich mich mit dem festgetretenen Dung abplagte, beobachtete ich den französischen Kriegsgefangenen, der in aller Ruhe die Milchkannen säuberte. Der hatte es leicht!

Frau Reichel hatte sich ihren Franzosen mit großer Beharrlichkeit erkämpft. Zwar war man der Ansicht, das kinderlose Ehepaar könne den kleinen Hof mit der Arbeitsmaid zur Unterstützung gut allein bewirtschaften, aber da Frau Reichel nicht lockerließ und dauernd auf die Gemeinde rannte, bekam sie einen Kriegsgefangenen, allerdings den mickrigsten, den das Lager zu vergeben hatte.

Jacques, ein schmächtiger Bursche, der bereits bei den ersten Kämpfen auf französischem Boden in Gefangenschaft geraten war, verstand nichts von Landwirtschaft. Er war Friseur. Jedoch erwies er sich als recht anstellig, und bald prahlte Frau Reichel, die das besitzanzeigende Fürwort liebte, überall mit «mein Jacques» – sie sprach den Namen wie Jacke aus – herum.

Frau Reichel war eine hochaufgeschossene, knochige Person mit Dauerschnupfen und weittragender Stimme, die sie gern durch Haus und Hof schallen ließ, so daß man glücklicherweise immer wußte, wo sie sich aufhielt. Sie hatte mit nüchternem Blick schnell erkannt, daß es mit meinen hauswirtschaftlichen Fähigkeiten nicht weit her war, und überließ mich daher die meiste Zeit großmütig ihrem Mann. Als ich ihn während der Heuernte fragte, ob ich nicht die Hungerharke fahren sollte, schüttelte er heftig den Kopf wie ein Hund mit Ohrenzwang. «'ne Frau? Nee!» Sonst nahm er es mit der Trennung zwischen Männer- und Frauenarbeit weniger genau, ich durfte ruhig die Sense in die Hand nehmen oder den Kuhstall ausmisten.

Gelegentlich mußte ich Frau Reichel im Garten helfen. In maulwurfartigem Tempo wühlte sie ihren Spaten durch die Erde, so daß ich schon beim Zusehen Herzstiche bekam. Unmöglich, beim Umgraben mit ihr Schritt zu halten. Glücklicherweise war sie jedoch hin und wieder einem Schwätzchen nicht abgeneigt, wobei ich dann ein wenig verschnaufen konnte. Es galt nur, das richtige Thema zu finden. Ich versuchte es mit dem kalten Winter, der die Frühjahrsbestellung so sehr verzögert habe. Frau Reichel grub weiter. Vielleicht werde man jetzt 60 Eier pro Henne im Jahr abgeben müssen. Diese Mitteilung war schon einen Satz wert. Doch Frau Reichel hatte bereits wieder den Fuß auf den Spaten gesetzt. Da kam mir der rettende Einfall. «Wie lange ist Jacques eigentlich schon bei Ihnen?» fragte ich rasch.

«Mein Jacques?» Sie richtete sich wieder auf. Sie hatte angebissen. So ein nettes Kerlchen, wo er doch die schwere Arbeit nicht gewöhnt war, weil er auf Friseur gelernt hatte. Das hinderte sie jedoch nicht daran, den schmächtigen Jacques tüchtig ranzunehmen. «Mein Jacques macht das schon, nich?» Und der Franzose mußte schwere Säcke und Baumstämme schleppen. Manchmal durfte er ihr auch das Haar ondulieren. Trotzdem schien Jacques sich bei Reichels ganz wohl zu fühlen. Nur das Essen behagte ihm nicht. Beim Anblick des mit Essig und ausgelassenem Speck angemachten Salats verdrehte er die Augen. Daß bei Reichels Knochen und Gräten neben den Teller gelegt wurden, störte ihn dagegen weniger.

Reichels Hühner bekamen eines Tages den Hühnerpips. Ihre Augen trübten sich, und sie hatten einen merkwürdigen Schluckauf. «Das Huhn ist duhn», dichtete der Bauer. Er war so stolz auf diesen Vers, daß er ihn gar nicht oft genug anbringen konnte. Viel zu sagen hatte er sowieso nicht. Er hatte in den Hof eingeheiratet und war dazu noch ein Auswärtiger. «Laß gut sein, Wilhelm», sagte Frau Reichel.

Fast täglich reckte jetzt eine abgemagerte Henne ihre Beine aus der Gemüsebrühe. Mir wurde schon beim Rupfen schlecht. «Dagegen», sprach die Bäuerin, «hilft am besten hungern. Man muß dem Magen mal Ruhe gönnen.» Sie kochte mir einen Kamillentee und goß mir mit ihrem Lieblingsausspruch «Ich bin ja gar nicht so» eine Tasse ein; aber daß ich wegen «so 'nem bißchen Magendrücken» eher ins Lager zurück wollte, fand sie denn doch überflüssig. «'ne Kiepe Holz können Sie mir wenigstens noch hacken.»

Während ich gleich am frühen Morgen in die Rüben geschickt wurde, durfte «mein Jacques», der Glückliche, die Milch zur Molkerei fahren und erst später aufs Feld kommen. Damit wir uns gegenseitig nicht von der

Arbeit abhielten, hatte es die Bäuerin vorsorglich so eingerichtet, daß jeder am anderen Ende des Feldes das Unkraut zwischen den Rübenreihen hackte, eine Arbeit, die kein Ende nehmen wollte. Einmal kam ein Flugzeug im Tiefflug und brauste über unsere Köpfe hinweg. Jacques schmiß die Hacke hin und rannte zum Wäldchen am Ende des Feldes. Als er wieder auftauchte, ging ich zu ihm. Er kauderwelschte eine Geschichte, die ich so verstand, daß unsere Stukas flüchtende Zivilisten und Bauern auf dem Feld beschossen hätten. «*C'est la guerre*», sagte ich unbedacht. Als ich sein Gesicht sah, wurde mir klar, daß das, was ich da von mir gegeben hatte, einem Eingeständnis gleichkam.

«Deutsche Flieger? Niemals!» rief ich entrüstet. «*Compris?*»

«*Compris, compris*», murmelte Jacques. «Du nix *compris.*»

Ich versuchte ihm zu erklären, daß englische Flieger gegen jede Regel eine Stadt wie Freiburg bombardiert hätten. Aber Jacques beachtete mich nicht. Er hackte schweigend weiter. Verdrossen ging ich zu meinen Rübenreihen zurück. Während mir die Sonne auf den Rücken brannte, überlegte ich mir, daß eigentlich auch ich mal die Milch zur Molkerei bringen könne. Zwei geruhsame Stunden würden mir genauso guttun wie dem Franzosen.

Als ich dann der Bäuerin beim Kuchenbacken half, machte ich einen Vorstoß. «Frau Reichel, ich hab da eine Idee.»

Ich bestäubte das Holzbrett freigebig mit Mehl und

klatschte den Hefeteig mit Schwung darauf, um ihn recht locker zu machen. Die Bäuerin sah mich mißbilligend an. «Aasen Sie nicht so mit dem Mehl!» Auf meinen Vorschlag schien sie wenig neugierig zu sein. Ich ließ mich nicht entmutigen. «Wie wär's, wenn ich die Milch mal zur Molkerei brächte?»

«Können Sie denn mit Pferden umgehen?»

«Von Kindesbeinen an», sagte ich.

Sie überlegte einen Augenblick. «Gar nicht schlecht. Dann kann mein Jacques gleich aufs Feld. Schafft sowieso mehr als Sie.»

Der Franzose war natürlich wenig erbaut von dieser Änderung und versuchte sie der Bäuerin wieder auszureden – das Pferd könnte durchgehen, der Wagen umkippen. Aber dem Milchpferd war es gleichgültig, wer an den Zügeln zog. Es hatte gut und gern seine achtzehn Jahre auf dem Buckel und war schon recht steifbeinig. Singend fuhr ich die Chaussee entlang: «Das Schiff ist nicht nur für den Hafen da, es muß hinaus, hinaus auf See . . . !»

«Wohl mehr aufn Friedhof!» riefen die Bauern, die mich in schlankem Trab überholten, und schnitzten dem Pferd zur Aufmunterung eins mit der Peitsche über. Es blieb stehen und sah sich gekränkt um. «Is was?» schien sein Blick zu sagen. Ich redete ihm beruhigend zu. «Laß dich nicht wild machen!» Das war nun das letzte, was es im Sinn hatte. Bedächtig setzte es sich wieder in Gang.

Ich fuhr an die Rampe und mühte mich mit den schweren Kannen ab. Der Molkereigehilfe kam heraus und sah mir zu. «Wie lange willste noch machen? Bis die Milch sauer is?»

«Ich schaff's nicht allein», jammerte ich. «Bitte helfen Sie mir.»

«So schön biste nu auch wieder nich.» Er verschwand in der Molkerei.

Allmählich hatte sich eine Schlange von Wagen hinter mir gebildet. Bauern und Knechte schimpften. Sie waren drauf und dran, Pferd und Wagen einfach beiseite zu schieben. Ein älterer Mann beschwichtigte sie. «Nu helft dem Mädchen lieber!»

Weil Jacques Geburtstag hatte, stand am nächsten Tag beim Mittagessen ein faustgroßer Napfkuchen an seinem Platz. Offiziell war es untersagt, unsere «Erbfeinde» mit am Tisch sitzen zu lassen, aber nicht einmal der Ortsbauernführer hielt sich an dieses Verbot. «Irgendwie sind das doch Menschen wie wir.» Sogar eine Flasche Obstwein hatte die Bäuerin spendiert – «Ich bin ja gar nicht so.» Doch die richtige Geburtstagsüberraschung kam erst noch: Jacques sollte wieder die Milch fahren. Ich war ganz verstört. «Aber warum denn? Was hab ich falsch gemacht?»

«Die Leute haben sich beschwert. Sie halten den ganzen Betrieb auf, weil Sie die Kannen nicht allein abladen können.»

«Es ist uns verboten, die Milchkannen zu heben», sagte ich patzig.

«Eben.» Frau Reichel ließ sich auf keine weitere Diskussion ein. «Womöglich bekomm ich noch Ärger mit Ihrer Lagerführerin deswegen.»

Ergeben machte ich mich am nächsten Tag auf den gewohnten Weg zum Feld. Jacques überholte mich peitschenknallend. «*Vite, vite*», rief er mir fröhlich grinsend zu.

Wenn ich jetzt zum Mittagessen vom Feld kam, sah ich Frau Reichel und ihn häufig zusammenstehen und hörte sie kauderwelschen. Die schienen ja ein Herz und eine Seele zu sein!

An einem Montag morgen traf ich einen fremden Jungen auf dem Hof, der gerade dabei war, das Pferd vor den Milchwagen zu spannen. Fragend sah ich Frau Reichel an, die sich wieder einmal abmühte, den richtigen Stand für den Küchentisch auf dem unebenen Steinfußboden zu finden. «Der da draußen? Das ist unser Ferienjunge Erni, der kommt jedes Jahr. War ziemlich krank, nu braucht er Landluft. Ist ja ganz anstellig, das Kerlchen. Ich laß ihn zur Molkerei fahren, dann ist er beschäftigt.» Ich dachte schadenfroh an den Franzosen.

Aber Frau Reichel sorgte schon dafür, daß auch für mich die Kirche im Dorf blieb. Am Sonnabend sah ich alle Augenblicke auf die Uhr. Mir lag mehr als sonst daran, frühzeitig ins Lager zurückzukommen. Wir hatten Urlaub und durften bereits am Spätnachmittag das Lager verlassen, und ich wollte nach Berlin fahren und mich dort mit Viktoria und Irene treffen. Als ich gerade mein Rad aus dem Schuppen holte, steckte die Bäuerin den Kopf aus dem Schlafzimmerfenster und rief: «Hab ganz vergessen – Sie müssen bis um fünf bleiben! Mein

Mann und ich gehn zur Beerdigung und können nicht aufs Feld. Wird Zeit, daß wir endlich mit den Rüben fertig werden. Machen Sie sich man gleich auf den Weg. Jacques muß erst noch Heu vom Boden werfen.»

«Das paßt mir aber gar nicht», begehrte ich auf. «Wir bekommen heute Urlaub.»

«*Sseh la wie*», sagte Frau Reichel und schloß das Fenster.

Es war ein herrlicher Tag. Doch die Natur war mir schnuppe. Vor sechs würde ich nicht in der Walhalla sein. Ich würde mich nur noch in fliegender Eile umziehen können, um den Zug zu kriegen. Und ich hatte mir vorher noch unbedingt meine Haare waschen wollen.

Mit diesen Strähnen zu Onkel Max! Verzweiflung packte mich. Die machten hier wirklich mit einem, was sie wollten. «Die Arbeitsmaid wird die beste Kameradin der Frau sein für die schwere Zeit, in der der Bauer an der Front kämpft», hatte in der Zeitung gestanden. Da konnte man ja nur lachen!

Neulich war ein Bauer ins Lager gekommen, hatte wohlgefällig auf Rosi geblickt und zu Traute Lindner gesagt: «Dieses dicke Mensch da will ich haben!» Das war ja fast wie auf dem Sklavenmarkt in «Onkel Toms Hütte». Vor unterdrücktem Weinen bekam ich einen Schluckauf.

«*Qu'est-ce qu'il y a?*» fragte Jacques, der, auf einem Strohhalm kauend, plötzlich vor mir stand. Ich radebrechte etwas von *vacances* und deutete auf mein strähniges Haar. «Du machen *amour?*» fragte der Franzose interessiert. Ich war empört. «*Je ne suis pas si une!*»

Das erheiterte ihn. Er konnte gar nicht aufhören zu lachen. «*Je ne suis pas si une*», wiederholte er immer wieder. Dann nickte er mir aufmunternd zu. «*Moi, je suis coiffeur*. Ich machen dein Haar. *Compris?*»

Wir liefen zum Hof zurück. Bello lag in der Sonne und klopfte freundlich mit dem Schwanz auf den Fußboden. Jacques holte ein Ei aus dem Stall und schlug es auf. Das Eiweiß gab er Bello zum Schlabbern. Er verrieb das Eigelb in meinem Haar und rubbelte mit Elan auf meinem Kopf herum. Dann setzte ich mich in die Sonne. Als das Haar fast trocken war, nahm er aus der Küchenschublade Frau Reichels Brennschere, mit der er geschäftig klappernd hin und her lief. Vor Frau Reichels Toilettenspiegel sah ich zu, wie er auf meinen Kopf Locken zauberte und das Haar an meinem Hinterkopf in eine weiche Rolle legte. Von den Füßen bis zum Hals sah ich ja noch recht wurzelig aus mit meinen nägelbeschlagenen Schmierstiefeln, über die graue Wollsocken geschlagen waren, und dem wadenlangen blauen Maidenkleid unter der schmutzigen Schürze; aber die obere Partie gefiel mir schon sehr viel besser. Mit kühnem Schwung fiel mir das Haar in die Stirn. «*Une parfaite Parisienne*», rief Jacques, ganz überwältigt von seinem künstlerischen Werk, und dann erschrocken: «*Mon Dieu!*» Frau Reichel stand in der Küche. Sie warf ihren Hut auf den Tisch und nahm die Eierschalen in die Hand. «Was habt ihr mit dem Eiweiß gemacht?» fragte sie.

Mehr Worte verlor sie über den Vorfall nicht.

«Liberté, fraternité, égalité», rief mir der Franzose nach, als ich etwas bekniffen vom Hof radelte.

Zwei Wochen später war meine Zeit bei den Reichels um. Die Bäuerin nahm es ungerührt zur Kenntnis. «So, es kommt 'ne andere, da wollen wir schnell noch Hausputz machen, die Neue muß ich erst wieder anlernen.»

Sie sah auf das Blech mit Butterkuchen und schnitt ein Stück vom Rand für mich ab – «Ich bin ja gar nicht so».

Ein paar Wochen darauf sah ich zufällig von weitem den Reichelschen Milchwagen im Zeitlupentempo dahinzuckeln. Der Fahrer hatte seine Mütze zum Schutz gegen die Sonne tief in die Stirn gezogen. «Jacques!» rief ich. Und bemerkte im selben Augenblick, daß es der Bauer war.

«Was ist mit Jacques?» fragte ich abends meine Nachfolgerin. «Ist er krank?»

«Das weißt du nicht? Der ist abgehauen!» Sie sah sich um, ob auch keine der Führerinnen in der Nähe war. «Sie sagen, die Bäuerin hat ihm dabei geholfen.»

«Kriegt ihr nun einen neuen Gefangenen?»

«Bestimmt nicht. Sie kann froh sein, wenn sie keine Scherereien kriegt.»

10

«*Tut mir leid, Sie aufzuwecken.*» Die ironische Stimme der Lagerführerin erreichte mich erst nach dem zweiten Anruf. Ich schreckte aus meinem Halbschlaf auf. «Aber ich würde gern von Ihnen etwas über das Reichserbhofgesetz hören, von dem wir in der letzten Woche gesprochen haben.»

Die Kameradschaften hatten sich im Aufenthaltsraum zum politischen Unterricht versammelt. In unseren blauen Kleidern saßen wir auf den Hauptsitzgelegenheiten des Lagers, niedrigen Holzschemeln, die wir ständig mit uns herumschleppen mußten, und bildeten einen Halbkreis um die Lagerführerin. Über die politische Ahnungslosigkeit der Maiden konnte Traute Lindner nur seufzen. «Nein, Rosi, Hindenburg war nicht deutscher Kaiser, und die frühere Verbindung zwischen Ostpreußen und dem Reich nannte man Polnischer Korridor und nicht polnisches Korntor.»

Ich war erleichtert, daß sie nicht von mir verlangte, an die große Wandkarte zu treten und die Grenzen der Länder aufzuzeigen, in die die deutsche Wehrmacht einmarschiert war. Geographie war noch nie meine starke Seite gewesen. Zwar hätte ich wohl nicht wie Waltraud Berlin an die Weichsel verlegt, aber das war noch kein Grund, mich über sie zu erheben.

Den Blick auf den zerrupften Erntekranz vom vorigen Jahr gerichtet, faselte ich gerade etwas vom Bauerntum als Lebensquell des deutschen Volkes, da wurden wir von der Telefonwache unterbrochen. Sie steckte den Kopf zur Tür herein und meldete: «Fräulein Lindner, Sie werden am Telefon verlangt.»

Die Lagerführerin verließ das Zimmer. Wir gähnten und streckten uns. Unsere Muskeln schmerzten von der harten Feldarbeit. Rosi flüsterte mir zu, daß sie in ihrem Schrank eine Tüte mit Keksen für uns versteckt habe.

Rosi war unser Organisationstalent und klaute kaltblütig aus der Speisekammer, wann immer sich die Gelegenheit bot. Einmal war sie dabei von einer Führerin fast erwischt worden. Aber Rosi hatte im letzten Augenblick ihre Schritte gehört, blitzschnell ins Kümmelfaß gegriffen und eine Handvoll in den Zuckersack gestreut. Dann hatte sie gesagt: «Nun sehen Sie bloß die Mäusequergel! Wie diese Viecher hier wieder gehaust haben.» Vor lauter Schreck hatte die Maidenführerin die mit Zucker gefüllte Tasse übersehen, die daneben im Regal stand.

Die Lagerführerin kam zurück und verkündete knapp, eine neue Arbeitsmaid werde für heute erwartet. Sie heiße Hanni und komme in die Walhalla.

Als wir uns zum Schlafengehen fertigmachten, rätselten wir, wieso jemand erst jetzt für dieses Halbjahr zum RAD eingezogen wurde. «Das Mädchen kommt aus einem anderen Lager», erklärte uns Nette. Sie war die Nachfolgerin unserer früheren Kameradschaftsältesten, die auf die Führerinnenschule geschickt worden war. Mit Nette hatten wir es gut getroffen. Zwar war sie eine gläubige Nationalsozialistin und machte, wenn sie vom Führer sprach, ein Gesicht, als hätte sie den Herrn und seine Engel gesehen, auch dozierte und belehrte sie gern; aber sonst war sie gut zu haben. Sie tat uns außerdem leid, weil sie nach einem Unfall im RAD ein steifes Bein zurückbehalten hatte.

«Wo soll denn diese Hanni schlafen?» fragten wir.

«Erst mal in Sibylles Bett.»

Richtig, die hatte sich ja vor zwei Tagen für einen längeren Heimaturlaub abgemeldet. «Bleibt sauber, Mädels!» hatte sie uns zum Abschied zugerufen, ehe sie sich in einem unvorschriftsmäßig kurzen Uniformrock davonmachte.

Die Woche zuvor war ihre Stimmung nicht so vergnügt gewesen. Wir fanden sie heulend in ihre Kissen vergraben, als wir vom Außendienst zurückkamen. «Ich hab solche Schmerzen. Ich mußte dauernd spucken, da hat mich die Lindner zum Lagerarzt geschickt. Und was fragt mich dieser Mensch? Ich kann's nicht sagen!» Sie zog sich die Bettdecke über den Kopf.

«Kriegst du ein Kind?» fragten wir mit gedämpfter Stimme.

Entrüstet setzte sie sich im Bett auf. «Was denkt ihr denn von mir! Nein, stellt euch vor, er hat mich gefragt, ob ich einen Freund hätte und ob ich schon mal und so. Und angesehen hat er mich dabei – ganz eigenartig. Ich bin einfach rausgelaufen. Wenn das meine Mutter wüßte!» Sie krümmte sich. «Oh, mir ist übel!»

Nun war Sibylle, diese mit Beethoven und Binding

gedüngte, recht verwöhnte Kleinstadtpflanze, durchaus nicht zimperlich, wenn es darum ging, ihre Wünsche durchzusetzen. Ihre Beliebtheit hielt sich daher in Grenzen. Aber diesmal nahmen wir geschlossen für sie Partei. Sie so etwas zu fragen, einfach unglaublich! Die erfahrene Anita, die uns bereits am ersten Abend drastisch darüber aufgeklärt hatte, wie man sich zudringliche Männer vom Leibe halten könne, erregte sich darüber am meisten.

Auf den Doktor hatten wir alle einen Pik. Das Wochenende war ihm heilig, da konnte ihn nicht einmal eine doppelseitige Lungenentzündung aus seinem Garten wegbringen, und seine Diagnose stellte er lieber telefonisch. Auch fanden wir es unerhört, daß er jeden von uns mit «Piefke» anredete und anzügliche Bemerkungen über unsere biederen Kleiderkarten-Büstenhalter machte.

«Warum bist du nicht gleich zu Fräulein Lindner gegangen?» fragten wir.

«Sie war nicht da», schluchzte Sibylle.

Waltraud und ich rannten ins Haupthaus und sagten der Lagerführerin, wie schlecht es Sibylle gehe. Gleichzeitig beschwerten wir uns über den Arzt. Zuerst reagierte sie ungehalten und meinte, wir sollten unsere Phantasie mal ein bißchen im Zaum halten, schließlich sei der Doktor ein verdienter Parteigenosse. Aber als wir so richtig auspackten, wurde sie nachdenklich. Sie ließ schleunigst einen anderen Arzt holen, der eine leichte Blinddarmreizung feststellte. Er war ein gütiger, kurz vor der Pensionierung stehender Herr, der leicht aus dem Munde roch und uns «Kindchen» nannte. Er schüttelte den Kopf darüber, was in dieser Zeit von jungen Mädchen verlangt wurde, streichelte Sibylle väterlich die Wange und verordnete ihr einen längeren Urlaub, der ihr zu unserem Erstaunen tatsächlich bewilligt wurde.

«Hol mal jemand Bettwäsche für die Neue», befahl Nette und hob lauschend den Kopf, denn im Radio war Barnabas von Gezy von den Berliner Philharmonikern abgelöst worden. «Hört mal, Mozarts Kleine Nachtmusik. Merkt ihr, daß da nur Streicher spielen? Paßt mal auf . . .» Aber ehe sie uns in ihrer langatmigen Art öden konnte, wurde sie von Waltrauds Ruf: «Da kommt sie!» abgelenkt.

Ein mageres Mädchen mit einem Pappkarton wurde bei uns abgeliefert. Bis zu ihrer Ankunft hatten wir uns in unserer Baracke ganz wohl gefühlt. Natürlich gab es gemütlichere Räume im Lager als die Walhalla. Aber wir hatten unser Bestes getan und waren zufrieden. Wir hatten die Milchglaskugel an der Decke mit Sonne, Mond und Sternen bemalt. Über unseren Kopfkissen lagen Häkeldeckchen, und die freie Wand war mit zwei Wandvasen und dem Spruch: «Wer Arbeit kennt und sich nicht drückt . . .» verziert. Wir hatten sogar ein Bücherregal angebracht, auf dem allerdings nur ein paar bizarr geformte Steine lagen, die Nette beim Kräutersammeln gefunden hatte. Mit dem Feldblumenstrauß im angeschlagenen Weckglas auf der blauweiß karierten Tischdecke, sah es in der Baracke wirklich recht wohnlich aus.

Der verstörte Blick, mit dem Hanni wie ein Tier in der Falle erst uns und dann den Raum musterte, machte uns plötzlich unruhig und mißmutig. Unbehagen breitete sich aus, als wir zusahen, wie sie im Unterzeug ihr Bett bezog. Ihre von blauen Flecken bedeckten knochigen Beine sahen wie abgeschälte Koppelpfosten aus, auf ihrem mageren Rücken zeichnete sich jeder Wirbel ab. Dazu schniefte sie dauernd, was uns ganz kribbelig machte. Hatte die denn kein Taschentuch?

Wir nahmen Nette beiseite. «Was ist denn mit der los?»

Nette stellte sich taub. Als wir in unseren Betten lagen, schloß sie die Außentür ab und schob den Schlüssel unter ihr Kopfkissen. Was waren denn das für neue Moden? «Und wenn wir mal müssen?»

«Ihr könnt mich ja wecken.»

Vielleicht fürchtete sie unerwünschten Besuch? Es war schon vorgekommen, daß junge Burschen aus der Gegend bei uns eingedrungen waren, die allerdings vor unserem wahnsinnigen Gekreische schnell wieder die Flucht ergriffen hatten. Nette löschte das Licht.

Am Sonntag abend war uns eine Tanzveranstaltung mit der Landjugend im Gasthaus in Aussicht gestellt worden, zu der wir Maiden geschlossen erscheinen sollten.

«Endlich mal 'ne kleine Abwechslung», meinte Anita und bearbeitete ihr Gesicht mit Seesand-Mandelkleie.

«Fingernägel sauber? Schuhe geputzt?» Eine der Maidenunterführerinnen ging prüfend die Front ab.

«Wir reiten und reiten und reiten und hören von fern schon die Schlacht», sangen wir, als wir abmarschierten.

Im Gasthaus erwartete uns eine herbe Enttäuschung.

Ebenso wie die Hitlerjugend waren wir lediglich als Saalfüller gedacht, damit der Kreisleiter nicht vor leeren Stühlen zu reden brauchte. Angeblich hatte er sich so kurzfristig angesagt, daß die Tanzerei ins Wasser fallen mußte.

Verdrossen marschierten wir nach zwei Stunden wieder ins Lager zurück. In der Walhalla vermißten wir Hanni. Sie mußte sich im Gasthaus heimlich verdrückt haben. Nette verständigte die Lagerführerin, und Traute Lindner erschien. Sie wirkte besorgt und nervös. Hannis Schrank wurde geöffnet. Auf den ersten Blick schien nichts zu fehlen. «Trotzdem», sagte die Lagerführerin, «wir müssen das Mädchen suchen.»

Waltraud und ich sollten sie dabei begleiten. Aber wo anfangen? «Vielleicht ist sie zum Bahnhof gegangen», überlegte die Führerin.

«Ohne ihre Sachen? Außerdem geht der nächste Zug erst morgen früh um fünf», wandte ich ein, «und die Bahnhofsgaststätte hat längst geschlossen.»

Inzwischen war es Nacht geworden. Die Straßen waren dunkel und menschenleer. Jedermann, bis auf uns, schien bereits im Bett zu sein. Es war so unglaublich still, daß wir das Schwirren der Fledermäuse über unseren Köpfen hören konnten. Auf dem Bahnhof rührte sich nichts. Ab und zu fuhr ein Windstoß durch die großen Kastanien vor dem Gebäude. Wir sahen auf die im Mondlicht blinkenden Schienen, rüttelten an verschlossenen Türen und versuchten, durch halbblinde Scheiben in einen Geräteschuppen zu sehen. «Kommt, wir kehren um», sagte die Lagerführerin.

Wir kürzten den Rückweg ab und liefen über eine Wiese, auf der eine verrottete Heumiete stand. Als wir näher kamen, bewegte sie sich plötzlich. Ein Kopf wurde sichtbar und zog sich bei unserem Anblick sofort wieder zurück.

Hanni ließ sich nicht dazu überreden, freiwillig herauszukommen. Wir mußten sie förmlich ausbuddeln. Wütend starrten wir sie an. Was dachte die sich eigentlich? Wehe ihr, sie würde weglaufen! Aber sie machte keinerlei Anstalten. Sie trug Zivil und sah in ihrem zerknitterten Sommerfähnchen recht erbarmungswürdig aus. Mit hängendem Kopf stand sie schicksalsergeben zwischen uns. Unser Ärger verflog. Wir begannen uns unbehaglich zu fühlen. Das war ja die reinste Menschenjagd! Der Lagerführerin schien es ähnlich zu gehen. Ihre Stimme klang sanft, als sie mit Hanni redete. Wir klaubten uns die Heuhalme aus den Haaren und von den Windjacken und machten uns schweigend auf den Heimweg.

In der Walhalla steckten sie neugierig die Köpfe aus den Betten: «Mensch, Hanni, was machst du bloß für Sachen? Wo hast du denn dein Maidenkleid gelassen?»

Sie gestand, daß sie vom Gasthaus erst noch einmal ins Lager geschlichen war und sich umgezogen hatte. Dann fing sie an zu weinen. In einem Tränenstrom kam heraus, weshalb sie ausgerückt war: Man hatte sie zum zweitenmal eingezogen.

«Du spinnst ja!»

«Es ist wirklich so.»

«Und dein Entlassungspaß?»

«Hab ich verloren, und das Lager ist inzwischen aufgelöst worden.»

«Aber der Gau müßte doch Bescheid wissen.»

«Da haben sie mich angeschnauzt und gesagt, so 'ne Schlamperei bei ihnen ist einfach undenkbar. Ich hab's in dem Lager nicht mehr ausgehalten und bin abgehauen. Jetzt haben sie mich hierher strafversetzt.» Sie bekam einen Schluckauf. «Und ich hatte gerade eine so prima Stelle in Aussicht. Als Modistin. Hab ich doch drauf gelernt.»

«Was sagen denn deine Eltern dazu?»

«Ich bin im Waisenhaus aufgewachsen.» Mit ungläubigem Staunen hörten wir, daß die Waisenkinder in den Ferien auf ein Staatsgut geschickt worden waren, um auf den Feldern zu arbeiten. «Wenn wir nicht genug taten, gab's von den Knechten eins mit der Peitsche.»

Nette runzelte die Stirn. «Was verbreitest du da für Gerüchte? Kinderarbeit gibt es bloß bei den Plutokraten in England. Was soll das denn für ein Heim gewesen sein?»

«Ein katholisches.»

Nettes Gesicht glättete sich. Nonnen! Das erklärte ja vieles. In einem Heim der NSV sei so etwas unmöglich. Hanni blickte skeptisch.

«Hast du denn keine Verwandten, die sich um dich kümmern konnten?» fragte Waltraud.

«Eine Tante, aber die wollte mich nicht.» Sie machte ein trotziges Gesicht. «Hat auch was für sich, brauch ich jetzt nicht dankeschön sagen. Ob sie mich jetzt einsperren?» Sie begann wieder zu schluchzen.

Doch so weit kam es nicht. Die Lagerführerin machte aus dem Fluchtversuch keine Staatsaffäre. Da Nette mit ihrem steifen Bein sowieso nur eine halbe Arbeitskraft war, kommandierte sie die Kameradschaftsälteste zu Hannis Bewachung ab. Man schärfte ihr ein, die Ausreißerin nicht aus den Augen zu lassen und sie auf Schritt und Tritt zu begleiten. Während Nette im Büro beschäftigt war, mußte Hanni neben ihr sitzen und Handtücher und Bettlaken flicken. «Die hat ein Leben», bemerkten wir, wenn wir todmüde vom Außendienst zurückkehrten.

Im Gegensatz zu den meisten Führerinnen, die Hanni wie eine Schwachsinnige behandelten, erprobte Nette mit Begeisterung ihre pädagogischen Talente an ihr. Sie versuchte sogar, ihre Rechtschreibung zu verbessern. Unsern Führer mit Doppel-t und den Reichspropagandaminister mit nur einem b zu schreiben, ging ja nun wirklich nicht! Auch mit dem Lesen lag es bei Hanni recht im argen, und Nette übte fleißig mit ihr. Zur Belohnung für ihre Fortschritte durfte Hanni beim Nachmittagskaffee den Maiden aus der Zeitung vorlesen. «Paris ist gefallen! Mit hei-hei-ßen Herzen», las sie, den Buchstaben mit dem Finger folgend, und nickte bei jedem Wort bestätigend, «und flie-flieg-fliegenden Pulsen haben wir den Sieg er-war-tet.»

Der 15. Juni war fast um, als sie endlich mit dem Vorlesen fertig war, und die Lagerführerin pfiff Nette an, das sei eine Verhunzung dieses großen geschichtlichen Ereignisses. Worauf Nette, in ihrer Ehre als Pädagogin gekränkt, ganz krötig wurde.

Ihrer vergötterten Nette zuliebe hatte Hanni sogar freiwillig ein Gedicht gelernt:

> «In Gold und Scharlach, feierlich mit Schweigen,
> ziehn die Standarten vor dem Führer auf.
> Wer will das Haupt nicht überwältigt neigen?
> Wer hebt den Blick nicht voll Vertrauen auf?»

«Ist das nicht herrlich», schwärmte Nette.

Ich wollte ihr einen Gefallen tun und versuchte, auch etwas zur Glorifizierung unseres Führers beizutragen. «Ein Mädchen aus unserem Nachbardorf durfte ihm beim Erntedankfest auf dem Bückeberg sogar die Hand geben. Die ist vor Begeisterung hinterher richtig verrückt geworden.»

«So, so.» Nette warf mir einen mißtrauischen Blick zu.

Hanni blühte auf, setzte Speck an und spielte sich als Nettes Gehilfin auf. «Wer hat denn eigentlich Stubendienst, das sieht ja hier aus! Wie bei Hempels unterm Sofa!» Sie wurde von Tag zu Tag gesprächiger, und Nette ließ den Redefluß ihrer Musterschülerin geduldig über sich ergehen, ohne so recht hinzuhören. «Darf ich jetzt endlich mal allein in den Ort?» fragte Hanni, und Nette antwortete: «Ja, ja», ganz in das Buch «Barb, ein deutsches Frauenschicksal» vertieft. Plötzlich fuhr sie auf. «Was?» Und schleunigst wurde die betrübte Hanni wieder zurückgeholt.

Aber Hanni machte sich in der Walhalla auch nützlich. Sie bügelte unsere tutigen RAD-Hüte auf, damit sie mehr Pfiff bekamen, und rückte sie uns vor jedem Ausgang sorgfältig zurecht. «Nicht so nach hinten setzen, das sieht ja wie von vorgestern aus.»

Ein unerschöpfliches Thema waren ihre Erlebnisse im Waisenhaus und die Lehrzeit in einem exklusiven Berliner Hutsalon. Was hatte es da für tolle Kundinnen gegeben. Sogar Schauspielerinnen und Sängerinnen. Eine hatte mehr als achtzig Hüte, die hingen bei ihr zu Haus an der Wand wie bei anderen Leuten Bilder.

An einem Freitagnachmittag hockten wir vor der Baracke und putzten unsere Schuhe, da kam die Lagerführerin strahlend zu uns. «Hanni, ich habe eine gute Nachricht für Sie. Ich habe veranlaßt, daß Ihre Angaben noch einmal überprüft werden. Es ist wahr, was Sie erzählt haben. Sie sind tatsächlich schon im RAD gewesen. Gleich morgen können Sie nach Haus.»

Hannis Augen füllten sich mit Tränen. Der Schnürstiefel, den sie in der Hand hielt, fiel zu Boden. «Ich möchte bleiben», stammelte sie.

Die Lagerführerin war halb geschmeichelt, halb perplex. «Mit euch kenne sich einer aus. Was soll wohl der Arbeitsdienst mit Ihnen anfangen? Jetzt, wo Sie keine Maid mehr sind.»

«Ich könnte Arbeitsdienstführerin werden», schlug Hanni vor.

«Sie?» rief Traute Lindner, entsetzt über diese Anmaßung.

Nette kam eilends herbeigehumpelt und ergriff die

Partei ihres Schützlings. «Hanni hat sich sehr gemausert, warum sollte in unserer großen Gemeinschaft nicht auch Platz für sie sein», sagte sie vorwurfsvoll.

Traute Lindner ließ diese Frage unbeantwortet. «Hanni», sagte sie, «packen Sie Ihre Sachen. Ich werde Sie morgen selbst in den Zug setzen.»

11

Frau von Glenzow besaß so ziemlich alles, was der Staat an billigen Arbeitskräften zu bieten hatte: eine Polin für die Hühner, einen französischen Kriegsgefangenen für den Garten, eine hauswirtschaftliche Praktikantin und ein Pflichtjahrmädchen. Nur eine Arbeitsmaid fehlte noch in ihrer Sammlung, und ich wurde dazu bestimmt, diese Lücke zu schließen. «Ihr Mann hat sich gleich bei Kriegsausbruch freiwillig gemeldet», wurde ich von der Lagerführerin über die Glenzowsche Situation aufgeklärt. «Seit gestern liegt nun der Verwalter mit einer Gehirnerschütterung im Bett. Sie braucht dringend Entlastung für den Haushalt, damit sie sich um den Betrieb kümmern kann. Sie werden das schon machen. Es sollen ganz reizende Kinder sein.»

Da hatte ich im Ort anderes gehört. Die drei kleinen Glenzows genossen in der Umgebung nicht gerade den besten Ruf. Ich mußte wohl eine etwas säuerliche Miene gemacht haben, denn Traute Lindner bekam ihren Überzeugungsblick. «Sie mögen doch bestimmt Kinder?»

«Schon», sagte ich lahm. Kinder nicht wonnig zu finden, war unweiblich. Wirtschaftsleiterin Gisela unterbrach unser Gespräch. «Telefon für Sie», sagte sie in dem mir inzwischen wohlbekannten Immer-diese-Extratouren-Ton zu mir. Mutter konnte es nämlich nicht lassen, mich im Lager anzurufen, obgleich es eigentlich nur im äußersten Notfall erlaubt war. Das wäre ja noch schöner, nicht mit seinem Kind sprechen zu dürfen! Ich erzählte ihr von meiner neuen Außendienststelle. Eine Standesgenossin? Da würde ich es sicher gut haben. Gleich wollte sie mit ihr Kontakt aufnehmen.

«Mutter!» rief ich schrill, als stünde das Büro in Flammen.

«Versprich mir, daß du nicht an Frau von Glenzow schreibst!»

«Wenn du es durchaus nicht willst.» Ihre Stimme klang enttäuscht. Sie sprach jetzt so leise, daß ich sie kaum verstehen konnte. «Sei ein bißchen vorsichtig mit dem, was du sagst, hörst du? Die Glenzows sollen sehr pro sein. Aber einen Gruß könntest du ihr wenigstens bestellen.» Mutter war nicht davon abzubringen, daß Grüße von ihr eine magische Wirkung hatten. Ich sah durch das Bürofenster, wie sich die Maiden zum Appell aufstellten. «Ja, ja!»

Das Glenzowsche Gutshaus war von einem kleinen, gepflegten Park umgeben. Der Rasen des Rondells war geschnitten, das Wasser im Springbrunnen frei von Entenfedern und Blättern, und die Wege zwischen den Blumenrabatten waren frisch geharkt. Frau von Glenzow saß auf der Terrasse. Sie hatte das Frühstücksgeschirr beiseite geschoben und sich ein Kontobuch vorgenommen. Mißbilligend sah sie auf meine Radspuren. «Warum sind Sie nicht über den Hof gefahren?»

Vorsichtig lehnte ich das Fahrrad gegen die Balustrade

und stieg die Treppe hinauf. Frau von Glenzow, etwa Mitte dreißig, füllig, aber mit sehr schlanken Beinen, hatte eine Innenrolle aus dichtem rötlichen Haar und trug ein ärmelloses, rostbraunes Sommerkleid mit weißem Kragen. Sie hatte einen beneidenswert zarten, hellen Teint und eine kleine, gerade Nase. Doch ihre Bewegungen und eine gewisse Knörrigkeit in ihrer Stimme erinnerten mich an eine auf dem Hof umherspazierende Rhodeländer Henne, die nicht das richtige zum Picken findet. Beim Anblick des selbstgebackenen Brotes, der Marmelade und des Honigs lief mir das Wasser im Mund zusammen. Ob sie mir etwas anbieten würde?

«Meine Mutter läßt sehr grüßen.»

Das war der Standesgenossin schnuppe. «Haben Sie überhaupt schon mal im Haushalt gearbeitet?»

«Natürlich», sagte ich entrüstet. «Sie sind meine vierte Stelle.»

«Ach ja, Sie waren bei den Reichels.» Sie betrachtete mich skeptisch. Allzu große Lobeshymnen schien die Bäuerin in der Nachbarschaft nicht über mich angestimmt zu haben. «Ich denke, ich laß Sie heute die kleine Wäsche waschen. Erst möchte ich Ihnen aber das Haus zeigen. Kinder, wo seid ihr?»

Drei kleine Mädchen standen plötzlich wie aus dem Boden geschossen vor mir. Sie schubsten sich gegenseitig und kicherten. Zu viert trotteten wir hinter der Hausherrin her. Wohnzimmer, Eßzimmer, Salon, Kinderzimmer, Gästezimmer, Küche. Frau von Glenzows Erklärungen mündeten stets in eine Anweisung. «Hier sind die Töpfe untergebracht. Niemals einen ohne Untersatz auf den

Tisch stellen. In dieser Schublade finden Sie die Silberbestecke. Die Messer dürfen nicht im heißen Wasser liegenbleiben, sonst lösen sich die Klingen.»

Zu meinem Schrecken erfuhr ich, daß die Praktikantin Urlaub hatte und das Pflichtjahrmädchen nach Hause zurückgekehrt war.

«Ja, es gibt viel zu tun», seufzte Frau von Glenzow. Dann führte sie mich in den Keller und in die Waschküche. Neben einem Holzbottich lagen Berge von Strümpfen und Socken. «Fangen Sie am besten damit an. Aber nur handwarm waschen, und nicht vergessen: ins letzte Spülwasser einen Schuß Essig! Und haben Sie ein Auge auf die Kinder.»

Die schienen mehr eins auf mich zu haben. Während ich Ringelsöckchen und viel graues Handgestricktes rubbelte, kamen sie in den Keller geschlichen und starrten mich an.

«Müßt ihr nicht in die Schule?» fragte ich ungeduldig die zehnjährige Birgit, ein Abbild ihrer hübschen, energischen Mutter.

Sie schüttelte den Kopf. «Erst um elf, da haben wir 'ne Siegesfeier.» Sie lief der Mutter entgegen, die gerade die Treppe herunter kam. «Sie hat die Wäsche nur einmal gespült, hab's genau gesehen!»

«Solltest du nicht das Kinderzimmer aufräumen?» sagte Frau von Glenzow.

Birgit folgte ihrer Mutter, während die siebenjährige Anna und die dreijährige Bärbel sich weiter mit Wasser bespritzten. «Wollt ihr das endlich lassen!» Ich scheuchte sie davon.

Mein Magen knurrte, auf ein zweites Frühstück war

wohl nicht zu hoffen. Ich schleppte den Wäschekorb zum Wäscheplatz. Die Hausherrin kam mir zu Hilfe. «Auch auf einer Wäscheleine muß Ordnung herrschen.»

Frau von Glenzow gab sich viel Mühe, mir etwas beizubringen. Sie zog die Schraube der Wäschemangel so fest, daß ich bei jeder Umdrehung der Kurbel vor Anstrengung einen roten Kopf bekam, und zeigte mir, wie man Wäsche legt. Während sie den Wäschesprenger mit einer Art Singsang – «Eins, zwei, drei, vier, immer weiter fort von mir!» – betätigte, bemühte ich mich krampfhaft, mir nicht die Zipfel aus der Hand reißen zu lassen. Auch mußte ich den Küchentisch schrubben, bis die Maserung wieder zum Vorschein kam. Bevor ich mich endlich ermattet zum Mittagessen niederlassen konnte, mußte ich jeden Tag aufs neue mit Bärbel das Spiel «Da sitzt wieder ein fremdes Kind auf meinem Platz» spielen. Trotzdem mochte ich sie und ihre Schwester ganz gern.

Birgit dagegen war ein rechtes Ekel und dazu ein unermüdlicher Wachhund. Glücklicherweise warnte mich Anna meist rechtzeitig, wenn ihre Schwester angeschlichen kam, indem sie durchdringend den Vers «Petze, Petze ging in 'n Laden . . .» anstimmte, denn sie hatte ebenfalls einiges von Birgit auszustehen. Leider verließ ich mich allzusehr auf dieses Warnsystem, und Birgit ertappte mich prompt, als ich es mir im Wohnzimmer mit einem Heimatroman gerade ein bißchen bequem gemacht hatte. «Erst als der Herbst mit breiten Farbbändern das Land schmückte, kam eine leise, heimliche Wehmut und Unruhe in das Herz des jungen Weibes, das in seiner feinen Einfalt etwas ahnen mochte von dem Auf und Ab allen Lebens ...» las ich, da schreckte mich ein Geräusch hoch.

«Was tust du da?» fragte Birgit.

«Das siehst du doch, ich staube Bücher ab.» Demonstrativ blies ich über die Schnittkanten meines Romans.

«Du liest. Das erzähl ich Mami.»

Ja, Klein-Birgit war immer auf dem Quivive! Noch unangenehmer war es, als sie mich, den Mund voller Rosinen, in der Speisekammer erwischte.

«Ich bin erstaunt», sagte Frau von Glenzow.

Herr von Glenzow schrieb regelmäßig sorgfältig numerierte, militärisch kurze Briefe. Seine Sorge galt fast ausschließlich dem teuren Bullen und dessen chronischem Husten. Frau von Glenzow bekam auch andere Post. «Ist der von Onkel Wolfi?» fragte Birgit und zog einen Feldpostbrief unter einem Stapel von Drucksachen und Rechnungen hervor. Frau von Glenzow wurde nervös. Statt eine Antwort zu geben, schickte sie ihre Tochter unwillig aus dem Zimmer: «Wie läufst du denn herum, das Kleid voller Flecke! Zieh dich sofort um!»

«Richten Sie bitte das Gastzimmer», wies sie mich ein paar Tage später an. «Ein Freund meines Mannes kommt zu Besuch. Er liegt nicht weit von hier im Lazarett und wird von dort zu uns einen Sprung herübermachen.» Ich erfuhr, daß der Gast, ein Luftwaffenoffizier, in Ostpreußen lebte und seine Frau, «die arme Melanie», sehr leidend war. Aus dem gelegentlichen Besucher wurde bald ein Dauergast, der nur hin und wieder zum Verbandswechsel ins Lazarett mußte.

Der Fliegerhauptmann, eine Art Carl-Raddatz-Verschnitt mit exklusivem Mützenkniff und schmalem goldenen Armband mit seinen Initialen ums linke Handgelenk, belebte das Haus. Frau von Glenzows hühnerhaftes Gehabe verschwand, sie wurde großzügiger, und als mir eine Flasche mit gegorenem Fliederbeersaft in der Küche explodierte und der Inhalt bis an die Decke spritzte, lachte sie nur.

Mutters Meinung, Jugend allein sei schon Schönheit, schien der Hauptmann nicht zu teilen. Er übersah das weiße Krägelchen, das ich mir ihm zu Ehren aufgenäht hatte, und schnupperte kein bißchen, obwohl mich Sibylle jeden Morgen in hochherziger Weise mit «Soir de Paris», dem Geschenk eines in Frankreich stationierten Vetters, besprühte, was mit dem Bratkartoffelduft in meinem Haar eine eigenartige Mischung ergab. Während er mich lediglich mit einem freundlich-gleichgültigen «Na?» begrüßte, war er für Frau von Glenzow ganz Aug und Ohr und küßte ihr nach jeder Mahlzeit lange die Hand. Anschließend tranken sie zusammen einen Mokka von dem Kaffee, den er mitgebracht hatte, während ich mich über die fettigen Töpfe und Pfannen hermachen durfte.

Hatte sich die Hausherrin sonst um meine Gesundheit wenig Gedanken gemacht, fand sie plötzlich, ich sähe blaß aus. «Ich glaube, Sie kommen zuwenig an die frische Luft.» Als Bärbel ihren Mittagsschlaf hielt, Anna bei einer Freundin und Birgit bei den Jungmädeln war, schickte sie mich zum Himbeerenpflücken in den Garten. «Sie dürfen Ihren Kameradinnen gern ein Körbchen voll mitnehmen.»

Ich übereilte mich nicht. Ich schlenderte durch den Park und wunderte mich, daß der Kuckuck noch rief, obwohl es bereits Ende Juli war. Dann begab ich mich in den Garten. Als es vom Kirchturm halb drei schlug, holte ich mein Fahrrad und hängte das Eimerchen mit den Himbeeren an die Lenkstange.

Da fiel es mir ein: Ich hatte am Vormittag vergessen, Frau von Glenzows Bett abzuziehen, wie es mir aufgetragen worden war. Ich schoß ins Schlafzimmer und fand dort meine Chefin – nicht allein. Eine verheiratete Frau! Ich war entsetzt. Sich mit dem Freund ihres Mannes zu küssen! An mehr zu denken, verbot mir der Anstand. Auch waren meine Vorstellungen da noch recht vage. *Noblesse oblige*, ich verlor kein Wort darüber, obwohl ich fast daran erstickte, daß ich diese Geschichte der Walhalla nicht bieten konnte.

Als ich am nächsten Tag nach dem Mittagessen wieder in die Küche wollte, hielt mich Frau von Glenzow zurück. «Jetzt trinken wir erst mal in Ruhe ein Schnäpschen.»

«Aber der Abwasch», wandte ich ein.

«Der hat Zeit. Außerdem ist ja die Praktikantin wieder zurück.»

Süß waren die Bestechungsgaben, die man der Mitwisserin zukommen ließ. Sahnebonbons lutschend und mit Kognakbohnen in der Windjacke, zog ich an diesem Tag von dannen. Doch das allein genügte ihnen nicht.

Um meinen Mund versiegelt zu halten, begann der Hauptmann, mich zielstrebig einzuwickeln, und ich unterlag seinem Charme schneller, als die Spielregeln es erlaubten. Wie gern würde er mich ins Kino einladen! Aber wahrscheinlich bekäme ich ja keinen Ausgang.

«Natürlich», rief ich glücklich. «Da kennen Sie unsere Lagerführerin aber schlecht!»

«Tatsächlich?» Sein Lächeln erlosch. Doch dann mußte Frau von Glenzow ihn überredet haben, in den sauren Apfel zu beißen. Er holte mich sogar im Lager ab. Die Walhalla platzte vor Neid. «Einen Fliegeroffizier! Wo hast du dir denn den geangelt?»

Es kam der Tag, da unser Gast Abschied nehmen mußte. Dafür kehrte Hans Joachim von Glenzow zurück. Als ich nach dem Wochenende das Haus betrat, dröhnte er bereits nach Ehemannmanier herrscherlich im Haus herum. «Warum sind die Kinder noch nicht unten? Was sind denn das für neue Moden? Und wo ist mein blaues Hemd?»

Frau von Glenzow hatte wieder den knörrigen Unterton. «Dort, wo es immer liegt, in der unteren Schublade!»

Zwei Tage später passierte es. Beim Mittagessen legte das neue Pflichtjahrmädchen ein goldenes Armbändchen neben Frau von Glenzows Teller. «Das hab ich gefunden, als ich die Matratze gewendet habe», erklärte sie.

Frau von Glenzow wurde blaß. «Das ist ja von Onkel Wolfi!» rief Birgit. Der Hausherr ließ die Moselflasche sinken. Einen Augenblick genoß ich den Nervenkitzel eines heraufziehenden fürchterlichen Ehedramas. Dann griff ich, ohne zu überlegen, nach dem Schmuckstück. «Es ist mir geschenkt worden», stotterte ich. «Beim Bettenmachen muß es mir vom Handgelenk gerutscht sein.»

Der Hausherr musterte mich interessiert. «Keine Zeit verloren, was?» Dann wurde er moralisch. «In meinem Haus dulde ich kein Techtelmechtel mit einem verheirateten Mann. Schließlich sind wir verantwortlich für Sie. Was würden wohl Ihre Eltern dazu sagen!» Und dann, zu seiner Frau gewandt: «Hast du denn nichts davon bemerkt?»

Frau von Glenzow sah angestrengt an mir vorbei und machte eine bedauernde Handbewegung. Herr von Glenzow beruhigte sich wieder. «Hinter jeder Schürze her, der gute Wolfi.»

Ich konnte es mir nicht verkneifen, mit dem Armband in der Walhalla anzugeben. «Ich krieg'n Kind aus Lumpen», staunte Waltraud, «der ist aber spendabel gewesen. Warum zeigst du uns das erst jetzt?»

Frau von Glenzow nahm mich am nächsten Tag schwesterlich in die Arme. Beim gemeinsamen Möhrenputzen druckste sie ein wenig herum. «Ich soll Sie grüßen», sagte sie leise. «Sie sollen das Armband als Talisman behalten.»

Ich hörte es im Radio im Wehrmachtsbericht. Der Staffelkapitän war mit seiner Messerschmitt südlich von London abgestürzt. Frau von Glenzow blieb wenig Zeit, sich im stillen auszuweinen. Die Obsternte, Annas

Windpocken, der kranke Bulle und nicht zuletzt der Ehemann hielten sie in Trab.

Dann sagte sich die Witwe an. Ich wurde am Sonntag nachmittag dazu gebeten. Wir Frauen blieben unter uns, der Hausherr hatte sich verzogen. Die Witwe wollte getröstet werden. Nichts habe man ihr schicken können. Nicht einmal das Armband, alles verbrannt. Frau von Glenzow vermied es, mich anzusehen. Die Witwe redete weiter von dem Gefallenen, wie sehr sie um ihre Ehe mit Wolfi beneidet worden sei, dieses gegenseitige tiefe Verstehen, dieses Vertrauen.

Frau von Glenzow kratzte mit gerunzelter Stirn an einem Wachsfleck auf dem Tischtuch. «Möchtest du noch ein Stück Kuchen?» fragte sie ihre Freundin mit tonloser Stimme.

12

Unsere Zeit beim Arbeitsdienst neigte sich dem Ende zu. Lange Spinnweben kündigten den Altweibersommer an. Kartoffeln und Rüben würden unsere Nachfolgerinnen ernten. Wir waren froh, daß wir nicht mehr auf den Knien über den Acker rutschen mußten. Dafür waren jetzt endlose Reihen Bohnen zu pflücken. Zwischendurch hatten wir einmal zehn Tage Urlaub gehabt und waren nach Hause gefahren. Hinterher war uns die Feldarbeit doppelt schwergefallen. «Gott sei Dank, nun ist bald Schluß», seufzte Rosi, die gerade einen Anpfiff bekommen hatte, weil sie beim Fahnenappell noch immer mit erhobenem Arm dastand und vor sich hindöste, als die Fahne längst hochgezogen war. Lagerzirkus, Volkstanz, bunte Nachmittage, Ballspiele – es stand uns ziemlich bis zum Hals. Der Zukunft sahen wir, bestärkt durch die vielen Sondermeldungen, zuversichtlich entgegen. Die Erfolge unserer Wehrmacht im Westen waren doch fabelhaft! «Und mit England geht es ebenso schnell», behauptete Nette, «dann gibt es einen siegreichen Frieden!»

«Das walte Adolf», sagte Waltraud.

Die Lagerführerin ernannte Waltraud zur außerplanmäßigen Kameradschaftsältesten, denn Nette mußte für einige Wochen in die Orthopädie des Oskar-Helene-

Heims nach Berlin. Dort wollte man versuchen, ihr steifes Bein wieder beweglich zu machen. Stolz nähte sich Waltraud einen Balken auf den Ärmel ihrer Uniformjacke, fest davon überzeugt, daß jeder von ihrer neuen Würde beeindruckt war.

«Die Reichelsche hat vielleicht gekuckt», sagte sie. Die Bäuerin hatte mit uns im selben Abteil gesessen, als wir in die Stadt fuhren. Ihr Hauptinteresse hatte eher den mitgenommenen Eiern gegolten, und gekuckt hatte sie nur aus Sorge, daß sich eine von uns womöglich auf den Karton setzte.

Waltraud hatte uns schon immer ganz gern herumkommandiert, und wir ließen uns ihre Herrschsucht nicht ungern gefallen, denn sie behandelte uns wie eine liebevolle Mutter ihre etwas zurückgebliebenen Kinder, und das hatte seine Vorteile. So brauchte man beim Strohsackstopfen nur ein bißchen hilflos in die Gegend zu blicken, schon war sie zur Stelle – «Das wird ja die reinste Wurst!» –, zupfte das Stroh mit geschickten Fingern auseinander und verteilte es so gleichmäßig, daß man wie auf einer gefederten Matratze lag. Sibylle hatte den Bogen am besten raus, sich von ihr bemuttern zu lassen. Mit der Nagelfeile in der Hand sah sie zu, wie Waltraud für sie neues Gummiband in die Schlüpfer zog, Laufmaschen mit einer Häkelnadel aufnahm oder ihren Uniformrock vor dem Ausgehen auf modische Kürze brachte. Sibylle sparte nicht mit Anerkennung. «Nein, wie du das wieder hinkriegst! Wie gut du das kannst! Ach, wär ich nur halb so geschickt wie du!»

Die arglose Waltraud fiel auch prompt auf diese schmeichelhaften Komplimente herein und spottete gutmütig: «Gott, 'n Kind aus soo 'nem feinen Haus – zu dämlich, sich selbst die Nase zu putzen!»

«Laß dich nicht so ausnutzen», warnten wir. Aber davon wollte sie nichts hören. «Als ob ich euch nicht genauso helfe.»

Waltraud war mit neun Geschwistern in zwei Zimmern eines Rauchhauses aufgewachsen.

«Wie putzig», sagte Sibylle, «was ist denn das?»

«Das ist ein Haus ohne Schornstein», erklärte Waltraud. «Der Rauch zieht durch die Diele ab.»

Seit ihrem fünfzehnten Lebensjahr war sie in Stellung gewesen. Zuerst beim Bauern. «Kühe kann ich nicht mehr sehen, jeden Tag das olle Melken!» Dann war sie in die Stadt gegangen. Hin und wieder gab sie etwas über ihre Herrschaften zum besten, über das «Antiteln», wie sie es nannte, von Arztfrauen zum Beispiel. «Wehe dir, wenn du die nicht Frau Doktor nennst!» – «Was erlauben Sie sich, mich vor meinen Gästen einfach mit Namen anzureden!» war sie von der Frau eines hohen Beamten angefahren worden. «Für Sie bin ich immer noch gnädige Frau.»

Na, da waren unserer Waltraud aber die Pferde durchgegangen. «Ich tu ja alles gern, bring Ihnen das Frühstück ans Bett, schlag die Bettdecke am Abend zurück und leg Ihnen sogar das Nachthemd zurecht, damit gnä' Frau keine Arbeit nich haben. Aber ob ich gnä' Frau wirklich mit gnä' Frau anreden muß, da werde ich mich erst mal bei der Arbeitsfront erkundigen.»

«Das hast du gesagt?»

Waltraud nickte selbstgefällig. «Nicht gelogen. Drei Finger aufs Herz!»

Ebenso wie bei ihrer Herrschaft nahm sie auch im Lager kein Blatt vor den Mund. Als wieder einmal die Milchsuppe angebrannt war, verkündete sie laut: «So'n Essen würde mir mein Jürgen in die Gardinen schmeißen.» Glücklicherweise hatte der Stab bereits den Eßraum verlassen.

«Mein Jürgen» war Waltrauds Verlobter. Zwei Jahre ging sie nun schon mit ihm. Nach dem Krieg wollten sie heiraten. Die Aussteuer hatte sie zusammen, Bettwäsche, Handtücher, Geschirr, wie es sich gehörte. Sogar eine Frisierkommode mit dreiteiligem Spiegel hatte sie sich gekauft, ein wahres Prachtstück und nicht billig. Nur ein Stück Land brauchten sie noch, dann könnten sie sich vielleicht ein Häuschen bauen, wozu war ihr Jürgen schließlich Zimmermann.

Ihr Wunsch schien in Erfüllung zu gehen. Ein Großonkel ihres Jürgen verstarb und vererbte seinem Neffen etwas Land. Doch so recht froh schien Waltraud darüber nicht zu sein. Niedergeschlagen kam sie von der Beerdigung zurück.

«Aber du hast den alten Mann doch kaum gekannt», sagten wir.

«Das ist es auch nicht.» Sie druckste ein wenig herum. «Der Onkel konnte erst am Montag begraben werden. Es bringt Unglück, wenn ein Toter über die Sonntagspredigt steht.»

«Also wirklich, Waltraud», sagte Sibylle kopfschüttelnd, «laß uns bloß mit diesem Quatsch in Ruhe.»

Aber da war nichts zu machen. Der Aberglaube hielt Waltraud fest in den Klauen, so forsch sie sonst war. Wir lernten, daß man seine Hausschuhe nicht mit den Spitzen zum Bett hinstellen dürfe – «Sonst habt ihr schlechte Träume!» –, daß Schwangere besser daran täten, nicht unter einer Wäscheleine durchzulaufen – «Dann bekommt das Kind die Nabelschnur um den Hals!» – und daß ein Besen vor der Tür gegen üble Nachrede schütze.

«Mir doch schnurz», murrte Sibylle, die auf den Besen getreten war und von dem Stiel einen schmerzhaften Schlag ins Gesicht bekommen hatte.

Außerdem zog Waltraud gern Kaffeesatz und Karten zu Rate, die sie häufiger als sonst befragte, seitdem ihr Jürgen in Frankreich war. Die Nachricht, daß er vermißt sei, wollte sie deshalb einfach nicht glauben. Davon hatte nichts in den Karten gestanden.

«Das hat auch nichts zu bedeuten», stimmten wir ihr zu, «bei dem Durcheinander, das jetzt in Frankreich herrscht.»

Einige wußten gleich zu berichten, daß es in ihren Familien ähnliche Fälle gegeben habe, und ein paar Wochen später seien die Väter oder Brüder gesund und munter wieder aufgetaucht. Waltraud ließ sich nur scheinbar beruhigen. Sie war sehr viel stiller geworden, und da ihr Bett über meinem war, wachte ich öfter nachts vom Knarren der Bretter auf, wenn sie sich schlaflos herumwälzte.

Ein wenig lenkte sie von ihrem Kummer ab, daß ihr in der Walhalla ganz überraschend eine Jungführerin vor die Nase gesetzt wurde, die an uns Erfahrung in der Menschenführung sammeln sollte. Sie war eine ehrgeizige, äußerst unangenehme Person, die uns eine Viertelstunde früher als gewohnt zum Frühsport hetzte und in unserer Abwesenheit die von Hand zu Hand wandernden Romanhefte verbrannte. «Ihr wißt ja wohl, daß ihr solchen Schund nicht lesen sollt!» Dem Waschküchendienst, den sie zu beaufsichtigen hatte, gönnte sie nicht die kleinste Verschnaufpause.

Wir rächten uns, indem wir eines Abends die Walhalla abschlossen. Als sie von der Führerinnenbesprechung zurückkam, rüttelte sie vergeblich an der Tür. Ihr blieb nichts anderes übrig, als ins Haupthaus zurückzukehren und im Büro auf dem Sofa zu übernachten, was die Lagerführerin zu spitzen Bemerkungen beim Frühappell veranlaßte. Dafür kontrollierte die Jungführerin ausgerechnet am Sonnabend nachmittag unsere Spinde und warf alles, was nicht Kante auf Kante lag, einfach auf den Boden.

«So kommen wir nicht weiter.» Waltraud half mir beim Einräumen. «Wir müssen uns was anderes einfallen lassen. Ich hab's! Ich glaube, sie hat keinen Freund. Wollen wir sie mal verkuppeln?»

«Du hast vielleicht Einfälle!» Wir waren sprachlos.

Nur die lebenserfahrene Anita war Feuer und Flamme. «Prima Idee, wenn sie einen Mann im Kopf hat, läßt sie uns bestimmt mehr in Ruhe.»

Wir hatten Bedenken. Wer sollte an so einer Geschmack finden?

«Ich deichsle das schon.» Anitas gute Verbindungen

zu einer Flak-Einheit sollten uns jetzt nützlich werden. Sie hatte abends häufig einen Strohmann für ihr Bett gebaut, damit ihre Abwesenheit bei einem plötzlichen Erscheinen der Lagerführerin nicht auffiel, und sich mit einem der Unteroffiziere getroffen. Doch seitdem die Jungführerin das Kommando führte, wagte sie das nur noch selten.

Bald darauf erstattete sie uns Bericht. Ihr Unteroffizier zeigte großes Verständnis für unsere mißliche Lage. «Sonst seh ich womöglich mein Zuckermäuschen überhaupt nicht mehr!» hatte er während des Spaziergangs gesagt. «Und dann –»

«Du schweifst ab», unterbrach Waltraud sie energisch. «Hilft er uns nun, oder hilft er uns nicht?»

Anita nickte. «Er hat mir versprochen, die Sache in die Hand zu nehmen.»

Wir warteten eine günstige Gelegenheit ab und führten Anitas Freund die Jungführerin unauffällig vor. Danach war er nicht mehr ganz so zuversichtlich. «Die Füße sind 'n bißchen groß. Und der Kopf! Ist die zwischens Scheunentor gekommen?»

Von drei Kameraden, die er Anita wenig später vorstellte, schieden zwei gleich aus. Sie waren verheiratet, und so weit wollte sie denn doch nicht gehen. Den dritten, auch nicht gerade ein Adonis, hielt sie für geeignet. Der Auserwählte, ein Stabsgefreiter, hatte bereits stark gelichtetes Haar, war einen Kopf kleiner als die Jungführerin und wirkte ziemlich unbedarft. Aber Anitas Freund behauptete, die Mädchen seien verrückt nach ihm. Nur umsonst, das müsse er gleich vorweg sagen, laufe nichts. Also legten wir zusammen und kauften dem Gefreiten eine Flasche Korn.

Die einzige Möglichkeit, die beiden zusammenzuführen, war das Kino. Leider gab es in dieser Woche nur «Paracelsus», zwar künstlerisch wertvoll, aber in unseren Augen stinklangweilig. Wir schätzten eher Handlungen, in denen elegante Männer im Frack in luxuriöser Umgebung Sekt entkorkten. Nun, so waren wir wenigstens nicht allzu abgelenkt und konnten die beiden beobachten.

Der Gefreite lungerte bereits am Kino-Eingang herum, als wir kamen. Anita gab ihm ein Zeichen, und er richtete es so ein, daß er einen Platz neben der Jungführerin bekam. Wir mußten Anita beipflichten, viel war an dem nicht dran. Unser «Opfer» schien da anderer Meinung zu sein. Sie unterhielt sich lebhaft mit ihm und strich sich aufgeregt die Haare glatt. Während wir wieder nach draußen drängten, hörten wir, wie er sie zu einer Tasse Kaffee in die Konditorei einlud, und sahen sie freudig nicken. Anita versuchte, ihm verstohlen zwei Finger zu zeigen, was heißen sollte: Nicht mehr als zwei Mark ausgeben. Das fehlte noch, daß dieser Mensch sich auf unsere Kosten und unsere Kuchenmarken eine Fettlebe machte! Doch der Gefreite blickte angestrengt in eine andere Richtung.

Zum erstenmal ging die Jungführerin schlafen, ohne vorher kontrolliert zu haben, ob wir auch in unseren Betten lagen. Ein vielversprechender Anfang! Hoffentlich ließ uns jetzt der Gefreite nicht im Stich. Der gab sich recht zach, behauptete, es sei schwieriger, als er es sich vorgestellt habe, und daß dieses Mädchen die Frau seiner Träume sei, könne er weiß Gott nicht behaupten. Er verlangte eine zweite Flasche Schnaps, und es blieb uns nichts anderes übrig, als sie ihm zähneknirschend zu besorgen.

Der Erfolg rechtfertigte die Ausgabe. In der Nacht erwachte ich von dem leisen Klappen einer Tür. Ich schlich zum Fenster und sah unsere Jungführerin im Mondlicht davontraben.

Von da an gab es keine Schwierigkeiten mehr. Auch der Gefreite stellte keine weiteren Forderungen. Dagegen sprach er Anitas Freund gegenüber jetzt viel von ihren inneren Werten und dem gutgehenden Schlachterladen ihrer Eltern, den sie einmal erben würde. Acht Tage später wurde die Jungführerin versetzt. Wir hätten uns unsere Ausgaben sparen können.

Endlich waren wir wieder unter uns, und das mußte gefeiert werden. Mit Kerzen und einem um die Milchglaskugel drapierten roten Schal tauchten wir die Walhalla in ein schummriges Licht und brachten uns mit dem von Rosi organisierten Obstwein und Schlagern wie «Paris, du bist die schönste Stadt der Welt» in Stimmung. Während Anita eine Art Bauchtanz vorführte, griff sich Rosi an den Kopf. «Waltraud, ich hab ja einen Brief für dich. Entschuldige, das hatte ich ganz vergessen.»

Waltraud hielt den Umschlag an eine Kerze, um den Absender zu entziffern, dann riß sie ihn hastig auf. «Hast du heute nacht auch lieb an mich gedacht, dann will ich im Traum bei dir sein», sangen wir. Da ließ uns ein schriller Schrei zusammenfahren. Rosi zog sofort ängstlich die Beine hoch, weil sie dachte, wie üblich sei eine Maus durch die Walhalla gesaust. Aber dann hörten wir Waltraud herzzerbrechend schluchzen.

«Mach doch mal einer dieses verdammte Tuch von der Lampe ab!» rief Sibylle. «Man sieht ja überhaupt nichts.»

Rosi kletterte auf einen Schemel, und kurz darauf war die Baracke wieder in das gewohnte kalkige Licht getaucht.

«Die Mohren haben meinen Jürgen umgebracht.» Waltraud weinte bitterlich.

Wir sahen uns fragend an. «Wahrscheinlich meint sie die Marokkaner. Die haben ihre Gefangenen grausam verstümmelt. Ich hab das neulich in der Zeitung gelesen», flüsterte Sibylle mir zu.

Am nächsten Morgen weigerte sich Waltraud aufzustehen. Als wir vom Außendienst zurückkamen, lag sie immer noch im Bett und hielt Selbstgespräche. «Wenn ein Toter über die Sonntagspredigt steht, dann holt er einen nach», hörten wir sie murmeln. Sie starrte uns an. «Was glotzt ihr so?»

Schließlich hatten wir sie soweit, daß sie sich anzog. «Ausgerechnet zum Hauswirtschaftsunterricht soll ich mitkommen», murrte sie. «Als ob ich nicht wüßte, wie man einen Besen in die Hand nimmt.»

«Es wird dich ablenken», meinte Sibylle.

Traute Lindner war auf einer Dienstreise und wurde von Maidenführerin Weber vertreten, einer tüchtigen, aber bierernsten Schwäbin. Nachdem Wirtschaftsleiterin Gisela sich langatmig über das richtige Einweichen von Wäsche ausgelassen hatte, kam Traute Lindners Stellvertreterin in den Aufenthaltsraum, um Waltraud ihr Beileid auszusprechen. Leider beließ sie es nicht dabei, sondern begann sich an ihren eigenen pathetischen Worten von Führer, Volk und Vaterland zu berauschen. Waltraud schoß von ihrem Schemel hoch. «Ich will Ihnen mal was sagen –» begann sie mit bebender Stimme.

Weiter kam sie nicht. Sibylle hatte mit weit ausholender Bewegung das Führerbild von der Wand gefegt, das auf dem Boden zersplitterte. «Oh, wie blöd von mir! Jetzt ist der Führer von der Wand gefallen!» lamentierte sie, gab Waltraud unbemerkt einen Rippenstoß und flüsterte ihr etwas zu. Waltraud holte tief Luft und fing sich wieder. Die Maidenführerin sah unwillig auf die Scherben zu ihren Füßen. «So was Ungeschicktes. Nun gehen Sie schon und holen Sie ein Kehrblech!»

Mit Waltraud in der Mitte verließen wir zu dritt den Raum. Draußen faßte Sibylle sie bei der Hand. «Komm, wir nehmen die Räder und fahren ein bißchen am Fluß entlang.» Gewitter lag in der Luft. Im Westen zog eine schwarze Wolkenwand auf. Über dem Wasser tanzten die Mücken in dichten Schwärmen. Wir setzten uns auf eine Heubrücke und ließen zur Abkühlung die Beine ins Wasser baumeln. Bei Waltraud löste sich die Spannung allmählich. Sie fing an, über den Toten zu sprechen. Der uns von Fotos gut bekannte semmelblonde Junge mit dem Mopsgesicht und den pfiffigen Augen, über dessen

Schwäche für Wirtshäuser sie gelegentlich geklagt hatte, begann sich bereits für sie zu verklären und wurde zur guten Stube, die man nur im Sonntagsstaat betreten durfte. «So ein feiner, stiller Mensch, der ist etwas Besonderes, das haben alle gesagt.» Schweigend hörten wir zu.

«Wir müssen ins Lager zurück», sagte Sibylle schließlich. Als wir ins Lagertor einbogen, hörten wir die anderen singen – «Zogen einst fünf wilde Schwäne . . .»:

       Sing, sing – was geschah?
       Keins den Brautkranz wand.

Waltraud begann wieder zu weinen. «Meine schöne Frisierkommode, damit kann ich jetzt auch nichts mehr anfangen.»

13

«*Sie sitzen im Sattel*, als wollten Sie ein Rennen in Karlshorst gewinnen!» Mißbilligend schlug der Oberst mit der Reitpeitsche gegen seine Stiefel. «Gehen Sie jetzt auf den Zirkel.»

Der knochige Wallach, auf dem ich vorreiten mußte, schien ein anhängliches Tier zu sein. Ohne daß ich ihn daran hindern konnte, lief er auf den Kommandeur zu, der in der Mitte der Reitbahn stand, rammte ihn mit seinem dicken Schädel und warf ihn fast um. Ärgerlich rückte der Oberst seine Mütze zurecht und wischte sich die Schaumflocken von der Uniform.

«Was bolzen Sie denn so herum? Mehr Kreuz! Sonst wird das nichts!» Nach einigen Galopprunden ließ er mich absitzen. «Warten Sie hier!» Er verließ die Reitbahn.

Ein Unteroffizier schob sich heran. «Ein starkes Talent», bemerkte er. «Auf was sind Sie denn bisher geritten? Auf Ochsen?»

«Glauben Sie, ich bin durchgefallen?» fragte ich geknickt.

«Immerhin sind Sie von der richtigen Seite aufgestiegen, das ist ja schon was.» Er nahm mir das Pferd ab.

Der Kommandeur kam zurück. «Wir wollen es mit Ihnen versuchen. Sie können im Mai anfangen.» Ich atmete auf. Ich hatte die Aufnahmeprüfung als Bereiterin einer Wehrkreis-Reit- und Fahrschule bestanden.

Nach dem Arbeitsdienst war ich im Herbst 1940 erst einmal wieder nach Hause zurückgekehrt. Mutter hatte sich entsetzt über meine Manieren gezeigt. «Seit wann schnaubt man sich die Nase mit beiden Händen, und wie faßt du denn eine Kaffeetasse an?» Vater war eingezogen worden. Es gab nun niemand, der sich um den Wald kümmerte. Billi war mit seiner Einheit in Norwegen, und auf Vera wollte ihr ehemaliger landwirtschaftlicher Lehrherr nicht verzichten. Meine Rolle als Gutsherrin, die Mutter mich gutmütig spielen ließ, gefiel mir. Ich hatte eine hohe Meinung von meiner Tüchtigkeit, die im wesentlichen darin bestand, dem schon etwas zitterigen Landrat die Zulassung für das Auto, den begehrten roten Winkel, abzuluchsen.

Doch Vater wurde im November 1942 wieder UK gestellt und nahm mir schnell die Zügel aus der Hand. Kopfschüttelnd ging er mit mir durch den Wald. «Was ist denn mit dieser Schonung passiert?»

«Ich hab sie durchforstet», sagte ich stolz, «so wie du es uns gezeigt hast.»

«Scheinst ja ein mächtig scharfes Beil genommen zu haben», bemerkte Vater.

Im vierten Kriegsjahr waren Arbeitskräfte knapp geworden. Ich mußte überall zupacken, wo Not am Manne war. Wie ich dem Rundbrief meiner alten Klasse entnahm, ging es den meisten Mädchen nicht anders. Sie sprangen für ihre eingezogenen Brüder und Väter ein und halfen in der Landwirtschaft. Beim Kartoffelbuddeln, den Geruch von Kartoffelfeuer und von nassem Herbstlaub in der Nase, beschäftigte sich meine Phantasie mit der mageren Ausbeute meiner Vergnügungen. Sie beschränkten sich meist, noch durch Fliegeralarm unterbrochen, auf Kino- und Theaterbesuche und das Herumstehen auf zugigen Bahnsteigen, wo man auf den Fronturlauberzug wartete. An harmlosen Gesprächen und Zärtlichkeiten kaute ich in der Erinnerung so genüßlich herum wie die Ziege der Jungfer Zech auf einem Stück Zuckerrübe. Und als ich an den letzten flüchtigen Abschiedskuß dachte, den man mir aufgedrückt hatte, wurde ich davon so benebelt, daß ich statt der Kartoffelstaude einen Distelstrauch packte.

Was die Liebe betraf, war ich noch sehr im Rückstand. Kusine Elisabeth war bereits zum zweitenmal verlobt. Der erste Bräutigam war in Frankreich gefallen. Ledig und kinderlos zu bleiben, war in ihren Augen schlimmer, als den Krieg zu verlieren.

Irene hatte das große Los gezogen. Sie war nach ihrer Schwesternausbildung nicht im Lazarett gelandet, sondern in ein Offizierserholungsheim geschickt worden. Sie wurde, nach ihren Briefen zu urteilen, von jungen, natürlich standesgemäßen Offizieren geradezu umlagert. Und Vera war, um Mutters Ausdruck zu gebrauchen, «so gut wie».

Wenn am Sonntagnachmittag in meinem Zimmer das Grammophon ertönte, kam spätestens bei Mozarts Arie: «Bei Männern, welche Liebe fühlen» Mutter herein, um mir ganz nebenbei zu erklären, daß man in diesen Zeiten besser nicht ans Heiraten denken sollte. «Wer tut denn das?» fragte ich unwirsch. «Man möchte ja nur mal wieder richtig tanzen.»

Als Saskia, meine ehemalige Zimmergenossin aus dem Internat, die in einem Berliner Ministerium als Edeltipse arbeitete, mich und Viktoria zu einem Hausfest einlud, war ich daher zu jedem Opfer bereit. «Sieh an, sieh an, man holt den besten Schimmel aus dem Stall», sagte Vater, als ich mit seinem alten, sehr schick auf Taille umgearbeiteten Dragonermantel loszog. Im kalten Nieselregen quetschte ich mich auf den Milchwagen zwischen die Kannen, die kostbaren Seidenstrümpfe vorsorglich in der Reisetasche verstaut. Ich nahm schnell den Geruch nach saurer Milch und Mist an, in den sich in der Bahn noch der strenge Duft von Tabak Marke Eigenbau mischte. Während der Fahrt wurden wie üblich die Kennkarten geprüft, und als ich meine nicht gleich fand, behandelte mich die Zivilstreife schon fast wie eine Spionin. Mit großer Verspätung traf ich todmüde bei Tante Maisi ein. Ich verschlief beinahe das Fest und machte mich viel zu spät auf den Weg.

Daß ich den falschen Klingelknopf gedrückt hatte, merkte ich erst, als ich eine Frau im ersten Stock erwartungsvoll an der Tür stehen sah. Eine Entschuldigung murmelnd, wollte ich an ihr vorbei.

«Hab mir's fast gedacht.» Sie sprach ganz ruhig, aber ihre Wangen waren naß von Tränen, als käme sie gerade vom Zwiebelschneiden aus der Küche. Sie deutete auf meinen Mantel. «Sie haben einen Knopf verloren.»

«Wie ärgerlich.» Verdrießlich sah ich an mir herunter. So große Knöpfe waren Mangelware.

«Ich glaub, ich hab einen, der könnte passen.» Ehe ich mich's versah, hatte sie mich bereits in den Flur und ins Wohnzimmer geführt, wo ihr Mann stand und mir einen Stuhl anbot. «Gerade ist der Standortkommandant dagewesen», sagte sie und beugte sich tief über den Nähkasten. «Unser Sohn ist gefallen.» Ich schwieg verlegen und hilflos. Der Mann machte sich am Schreibtisch zu schaffen und kam mit einem Karton zum Tisch zurück. Sie zeigten mir Fotos von ihrem Sohn und stritten sich ein bißchen dabei. «Das hier stammt noch aus Frankreich.» – «Aber nein, das hat er uns doch aus Rußland geschickt.»

Über mir war das Fest in vollem Gange. Man konnte deutlich hören, wie sie den verbotenen Lambeth-Walk stampften. Langsam wurde ich kribbelig. Ein neuer Knopf war angenäht, was sollte ich noch hier? Mein Gastgeschenk fiel mir ein. Von acht in Häcksel verpackten Eiern waren bereits zwei angeknickt. Ich holte drei heilgebliebene heraus und legte sie vorsichtig in einen Aschenbecher. «Wenn ich Ihnen die schenken darf?» Ich stand auf.

«Wir haben Sie aufgehalten», sagte die Frau und begleitete mich zur Tür.

«Vielen Dank für den Knopf», sagte ich.

«Kennst du Lamberts Nachtlokal, jeder tanzt dort gerne mal», dröhnte es durch den Hausflur.

Eine Treppe höher empfing mich Saskia in einem Kleid aus schwarzer Webspitze. «Ich dachte schon, du kommst nicht mehr. Wir sind mal wieder viel zuviel Mädchen.» Ich bewunderte ihre weinroten Wildlederpumps mit dem Keilabsatz aus Kork. «Wo hast du denn die her?»

«Aus Budapest!»

Ich zog mir den Mantel aus und sah mich ein wenig um. Saskia wohnte zur Untermiete bei der Witwe eines Oberbaurates. Normalerweise durfte sie nur am Nachmittag und am Abend bis zehn Uhr Besuch haben. Da ihre Wirtin zur Erholung ins Riesengebirge gefahren war, nutzte sie deshalb die Gelegenheit für ein kleines Fest. Ihre «urgemütliche» Bude war überreichlich mit kaukasischem Nußbaum bestückt, so daß man beim Tanzen in den Flur ausweichen mußte. Um ein Rauchtischchen saß und hockte viel Feldgrau. Einer trug den Arm in der Schlinge, ein anderer einen Kopfverband. Es roch nach «Soir de Paris», Jod und Dorschleberpaste, mit der die Schnittchen bestrichen waren.

Im Tangoschritt steuerte ein Oberleutnant mit Saskia im Arm gerade geschickt an einer klotzigen Anrichte vorbei den Flur entlang, da klingelte es. Herein kam ein gutaussehender Zivilist. Die Männer musterten ihn argwöhnisch. In dem Alter und Zivil? Da stimmte doch was nicht. Aber Saskia flüsterte uns zu, er sei ganz in Ordnung und bringe Getränke mit.

Der Zivilist entpuppte sich als einer ihrer Vorgesetzten aus dem Ministerium und versuchte sich mit einem Göringwitz bei uns anzubiedern, über den aber niemand lachte. Er bot Viktoria und mir an, Karten für «Hochzeitsnacht im Paradies» zu besorgen, oder war ich mehr für «Butterfly» mit der Cebotari? Als er mich zu «Horcher» einlud, tat Saskia sehr kennerisch und schwärmte von den Weinbergschnecken in Tomatensoße, die es dort gebe. Beim Tanzen ging er gleich auf Tuchfühlung, und obwohl mir das nicht gerade mißfiel, gab ich ihm würdevoll zu verstehen, was ich davon hielt. Er brachte Viktoria und mich sogar in seinem Dienstwagen zu Tante Maisi. «Da hast du dir ja was Interessantes angelacht», meinte Viktoria. «Nur keinen Neid», sagte ich. Doch am nächsten Vormittag wartete ich vergeblich auf einen Anruf. «Wahrscheinlich ist das Telefon mal wieder gestört», sagte Tante Maisi.

Viktoria bevorzugte jetzt gleichaltrige Freunde, aber so ganz hatte sie ihre erste Liebe noch nicht aus ihrem Herzen verbannt. Wenn wir uns in Berlin sahen, wo wir uns hin und wieder zum Wochenende trafen, besuchte sie regelmäßig Onkel Max. Das letzte Mal mußten wir die Nacht bei der Tante im Luftschutzkeller verbringen.

«Warum bleibst du eigentlich noch hier, Tante Maisi?» fragte ich. «An deiner Stelle wäre ich längst abgehauen.»

«Bei der Verwandtschaft herumhocken und jeden Bissen in den Mund gezählt bekommen? Niemals!» sagte die Tante.

Am Morgen drängte es Viktoria zu Onkel Max. Sein Viertel sollte glücklicherweise nur wenige Treffer abbekommen haben. Aber als wir die Treppe vom U-Bahn-Schacht hinaufstiegen, hatten wir gleich wieder den unheilvollen Geruch aus Staub und Verbranntem in der Nase, der sich mit jedem Schritt verstärkte. Wir bogen in Onkel Max' Straße ein. Dort, wo die Villa gestanden hatte, sahen wir nur noch einen schwelenden Trümmerhaufen. Eine Frau sagte: «Da is'n Zeitzünder explodiert. Se war'n schon wieder in de Betten.» Alle waren dabei ums Leben gekommen. Viktoria mußte sich setzen.

«Ihr Onkel war in dem Haus», sagte ich verstört zu einem Mann mit einer Rotkreuzbinde. Der Sanitäter hielt ihr eine Feldflasche unter die Nase. «Trink 'nen Schluck, denn wird dir besser. So 'n junget Herze is wie Jummi, det hält ville aus.»

Die Sirenen begannen wieder zu heulen. «Komm», drängte ich.

Schweigend machten wir uns auf den Heimweg. Wie gern hatte der Onkel mit seiner angegriffenen Gesundheit kokettiert. «'n alter Mann mit 'ner schwachen Lunge.» Daß der Tod in der Nacht vorbeigegangen und seinetwegen noch einmal umgekehrt war, hätte seiner Eitelkeit geschmeichelt.

Mit Viktorias Bruder Rabanus stand ich nur noch in loser Verbindung, die sich auf Feldpostpäckchen von mir und seine Dankesbriefe beschränkte. Seine Beförderung zum Hauptmann und seine vielen Auszeichnungen hätten mich früher sehr beeindruckt. Er war jetzt mit einer jungen Kriegerwitwe liiert, die es bestimmt besser verstand, mit Männern umzugehen. Das letzte Mal sah ich ihn kurz vor Stalingrad, während er seine zweite Verwundung zu Haus auskurierte. Das Schloß war voller Bombenflüchtlinge. Aus den Fenstern ragten Ofenrohre, und in den langen, verwinkelten Korridoren trocknete Wäsche. Anton kam gar nicht darüber hinweg, in welchem Zustand das Schloß jetzt war. «Wie 'ne Rumpelkammer. Nun sehen Sie sich das bloß an!» Er deutete auf einen Nachttopf, der auf einer Biedermeierkommode stand.

Rabanus ließ sich kaum blicken. Er schien wenig Wert auf Gesellschaft zu legen. Er zeigte nicht einmal mehr Lust, mit mir auf die Jagd zu gehen. Die gedrückte Stimmung an seinem letzten Urlaubstag machte mich während des Mittagessens so zappelig, daß mir dauernd die Serviette vom Schoß rutschte und Anton bereits die Stirn runzelte. Während der Diener in unerschütterlicher Würde auf viel Silber falschen Hasen servierte, wurde im Radio eine Sondermeldung, eingeleitet von der bekannten Passage aus «Les Préludes», durchgegeben. Rabanus, der die ganze Zeit schweigend vor sich hingestarrt und lustlos in dem Hackbraten herumgestochert hatte, warf die Serviette auf den Tisch. «Von dieser verdammten Musik kann einem ja übel werden!» Er schob den Stuhl zurück und verließ den Eßsaal.

Anton lief geschäftig hinter ihm her. «Bitte nicht die untere Toilette benutzen, Graf Rabanus, die ist eingefroren!»

Als wir ihn am nächsten Tag alle gemeinsam zum Bahnhof brachten, hatte er sich wieder gefangen und neckte Viktoria, die sich aus ihrem Kopftuch einen Turban geknotet hatte, mit der Behauptung, sie sehe damit aus wie die Witwe Bolte.

Wenige Wochen später wurde er als vermißt gemeldet.

Das fünfte Kriegsjahr war gekommen. Ich rechnete täglich damit, zum Kriegsdienst eingezogen zu werden, und hatte schon verschiedene Fragebögen ausfüllen müssen.

«Zur Flak kommst du mir nicht», sagte Mutter entschieden. «Mädchen an Geschützen, hat man denn so was schon gehört!»

«An Scheinwerfern», verbesserte ich sie.

«Auch nicht beruhigender», sagte Mutter.

Es war Viktorias Idee gewesen, sich als Bereiterin für eine Wehrkreis-Reit- und Fahrschule zu melden. Dort wurden die Männer ebenfalls nach und nach durch Frauen ersetzt. «Wäre das nicht auch was für dich?» hatte sie mir geschrieben, nachdem sie dort eingestellt worden war.

Die Aufnahmeprüfung hatte ich bestanden, nun überlegten wir uns, wo ich unterkommen könnte. «Ich schlage vor, du ziehst zu Bussi und mir», meinte Viktoria. Bussi, eine Berlinerin, und meine Freundin wohnten noch in einem von der Wehrmacht beschlagnahmten und nicht gerade einladend wirkenden Haus gegenüber der Kaserne, planten aber, demnächst umzuziehen. Die beiden zeigten mir die Stadt, und ich sah ihnen beim Einreiten der jungen Pferde, der Remonten, zu. Wie mir Viktoria erklärte, wurde abwechselnd auf den großen Plätzen im Freien, in den Reitbahnen und im Gelände geritten. «Außerdem gibt's noch die Stammpferde», sagte Viktoria, «die sind natürlich in der Ausbildung weiter und werden schon dressurmäßig gearbeitet.»

Als ich hörte, daß die Remonten bereits vier Monate unter dem Sattel gingen, war ich erleichtert.

«Runterfallen tust du trotzdem noch genug», sagte Bussi, und mir wurde wieder ziemlich beklommen.

Wie gewöhnlich verlief die Rückfahrt mit Hindernissen. Stundenlanges Warten auf den Umsteigebahnhöfen, überfüllte Züge und die Spannung, ob der Zug, in dem man saß, überhaupt eine Lokomotive bekommen würde, gehörten nun mal zu einer Reise in dieser Zeit.

Müde und schmutzig kam ich zu Hause an. Aber anstatt wie sonst, wenn ich weg gewesen war, von Mutter betan zu werden, nahm sie diesmal nur wenig Notiz von mir, sondern barmte mit Vater herum, der unsere «Staatskarosse», das geschlossene Coupé, samt Kutschpferden an einen polnischen Zwangsarbeiter vom Nachbargut für die bevorstehende Kindstaufe ausgeliehen hatte. «Der Graf im geschlossenen Wagen zur Kirche. Mal ganz was Neues», hatten sich die Kirchgänger zugeflüstert. «Was hat er denn da für 'n Kutscher aufm Bock?»

Erstaunt sah man die Polenfamilie mit dem Säugling aus dem Wagen steigen. «Nu kiekt euch die Polacken an!»

Das Gerede war bis zur Kreisleitung gedrungen, die beim Propagandaleiter im Dorf nachgefragt hatte, was es denn so mit dem Grafen auf sich habe. Wie der Propagandaleiter zu seinem Posten gekommen war, wußte niemand, denn er war der schweigsamste Mensch im ganzen Dorf, der Reden für ebenso überflüssig hielt wie im Sommer Schuhzeug für Kinder. Die Auskunft, die er gab, war dementsprechend unbefriedigend: «Der Graf is malle.» Und als man nicht gleich begriff – «Na, seltsam eben», und nun müsse er in den Stall zum Melken.

«Jetzt erkundigen sie sich schon nach dir», jammerte Mutter weiter. «Alfred, du bist wirklich zu unvorsichtig!»

«Was fürn Sturm im Wasserglas», murrte Vater und verzog sich in seinen Wald.

Auch sonst gab es Neuigkeiten. Frau Trägenapp konnte nur noch nuscheln. Der Zahnarzt hatte ihr erst sämtliche Zähne gezogen und dann als Gegenleistung für ihr neues Gebiß eine Gans verlangt. Das behielt er als Faustpfand, bis die Gänseküken soweit waren. In der Kreisstadt hatte es den ersten Luftangriff gegeben. Das Geschäft des Friseurs war dabei ausgebrannt. Glücklicherweise hatte er seine unwilligen Kundinnen noch rechtzeitig in den Keller scheuchen können. Nur der Frau des Apothekers gingen hinterher die Haare büschelweise aus, weil die Dauerwellenflüssigkeit zu lange auf dem Kopf geblieben war.

Wenn ich jetzt durchs Luch ritt, mischte sich in das Trillern der Lerchen und das Kollern der Birkhähne das tiefe Brummen feindlicher Flugzeuge. In langen Formationen zogen sie über meinen Kopf hinweg wie früher die Wildgänse. Auf dem Hof lief «Bombi» herum, ein Frischling, den wir neben seiner toten Mutter in einem Bombentrichter gefunden hatten, und in den Nächten waren Luch und See von den abgeworfenen «Christbäumen» in grelles Licht getaucht.

Eines Tages fand ein Luftkampf über dem Dorf statt. Vergeblich versuchten deutsche Jäger, die Bomber auf ihrem Weg nach Berlin abzudrängen. Eines der feindlichen Flugzeuge stürzte brennend auf unser Haus zu, streifte fast das Scheunendach und schlug eine qualmende Schneise in die große Lake am Rhin. Zitternd warteten wir auf eine Explosion. Aber der Absturz verlief glimpflicher, als wir gedacht hatten. Die evakuierten Berliner, für die bei ihrer Ankunft in den Dörfern nicht gerade Blumen gestreut worden waren, lachten hämisch über unsere Angst. «Vor so 'nem bißchen habt ihr schon die Hosen voll?»

Einer der Flieger, ein blutjunger Amerikaner, hatte sich mit dem Fallschirm retten können. Er hatte sich nur den Knöchel verstaucht und wankte im Nachbardorf die Straße entlang, offensichtlich mit dem einzigen Wunsch, sich zu ergeben. Doch jeder, dem er begegnete, machte auf der Stelle kehrt, rannte in sein Haus und riegelte die Türen zu.

Schließlich setzte sich der Junge an das Kriegerdenkmal vom Ersten Weltkrieg und weinte. Wo sollte er bloß hin? Eine alte, schon recht verwirrte Frau holte ihn zu sich in ihre ärmliche Küche. Sie hielt ihn für ihren gefallenen Enkelsohn. Als deutsche Soldaten bei ihr erschienen, um den Amerikaner abzuholen, fütterte sie ihn gerade mit Spiegeleiern. Fast hätte sie dem Feldwebel die Pfanne auf den Kopf gehauen. «Haut ab, ihr Ruskis!» schrie sie. «Ihr kriegt ihn nicht!»

«Aber beste Frau!» Der junge deutsche Feldwebel war fassungslos. «Aber beste Frau!»

Die Zeit war für mich gekommen, den Koffer zu packen. Mutter saß auf meinem Bett und sah mir dabei zu. «Deine Jugend habe ich mir auch mal anders vorgestellt», meinte sie bekümmert. Vater half mir, mein Fahrrad in Ordnung zu bringen. Plötzlich zeigte er nach oben. Ein aufgeplusterter Spatz machte sich im Nest eines Schwalbenpaares breit, das vergeblich versuchte, ihn daraus zu vertreiben. Sie flogen davon und kamen kurz darauf mit anderen Schwalben im Gefolge zurück. Ehe der Spatz begriff, hatten sie ihn eingemauert. «So wird's uns auch bald gehen», sagte Vater.

Wie üblich hatte ich den Wind von vorn, als ich, den Koffer auf dem Gepäckträger, zur Kleinbahn radelte. Auf der Chaussee kam mir Otto Klose entgegen. Seine Panzeruniform war ihm zu weit geworden. Er sah erschöpft und blaß aus, aber seine Augen strahlten.

«Für mich ist der Krieg aus», rief er und zeigte auf seinen rechten Arm, den er in der Schlinge trug. «Nur noch Bruch! Wo machsten hin?»

«Ich muß zum Militär.»

«Ich nie mehr!» Pfeifend stiefelte er weiter. Ich sah ihm nach, bis er hinter einer Feldscheune verschwand.

14

Viktoria holte mich vom Bahnhof ab. Ein Wagen der Reit- und Fahrschule brachte uns zum Schloß, in dem Viktoria und einige andere Bereiterinnen jetzt Quartier bezogen hatten. Vor der Schloßeinfahrt parierte der Gefreite die Pferde durch. «Nun setzt mal eure Beine in Bewegung.» Er stellte Koffer und Tasche herunter und drückte mir mein Fahrrad in die Hand, das ich mir von zu Haus mitgenommen hatte. Es war so dunkel, daß wir uns ständig anrempelten, als wir durch den Park liefen. Um abzukürzen, überquerten wir eine große Rasenfläche. Im flackerigen Licht der Fahrradlampe tauchten die Umrisse eines mächtigen Baumes auf. «Wir müssen uns mehr rechts halten», sagte Viktoria. In das Quaken der Frösche mischte sich lautes Trommeln und Gesang. «Marschiere, braune Jugend, marschiere durch die Nacht, die alte deutsche Tugend ist wieder neu erwacht!»

«Na, hoffentlich.» Viktoria wechselte meine Reisetasche von einer Hand in die andere. «Bis jetzt streichen die blöden HJ-Führer aus dem Zeltlager dauernd in der Stadt um uns rum und wollen uns mit ihren amerikanischen Jazzplatten becircen.»

Ich trat in ein Karnickelloch. «Verdammt, meine neuen Schuhe!»

Die Sohlen waren zwar nur aus Holz, aber das Oberleder dafür aus richtigem Seehundsfell. Kurz entschlossen zog ich sie aus und lief barfuß; Strümpfe trug ich sowieso nicht.

Wir waren in einem leerstehenden Seitenflügel untergebracht, anscheinend einem früheren Gästetrakt. Während wir eine ausgetretene Holztreppe hinauftasteten, schnupperte ich vertrauten Geruch: eine Mischung aus sonnendurchglühtem Holz, Mottenpulver und Taubenmist. Das riesige Zimmer, das ich mit Viktoria und Bussi teilte, bot in der Ausstattung erstaunliche Kontraste. Zierliche Mahagonistühle waren um einen Küchentisch gruppiert, und an den Wänden mit den verblaßten Biedermeiertapeten standen zerkratzte Wehrmachtspinde und mit Kissen und grauen Wolldecken zu Couches umfrisierte Eisenbetten. Neben fliegenbekleckste Stiche deutscher Städte hatten Viktoria und Bussi Fotos und Pferdebilder gepinnt.

Vorsichtig stieg ich über das Durcheinander von Stiefeln, Reitgerten, leeren Tellern, Unterwäsche und Lockenwicklern hinweg und begrüßte Bussi, die auf ihrem Bett lag und las. Der auffällige Einband verriet mir den Titel: «Ich an dich» von Dinah Nelken. Aus einem grünen Lederrahmen blickte mich ein Offizier in Panzeruniform mit Ritterkreuz heroisch an. «Das ist Günther, aber ich nenn ihn Moritz», erklärte Bussi. «Nimm mal das Foto raus und dreh es um.»

«Ich heirate, sprach Moritz Blau, nur eine tätowierte Frau, und wenn ich nachts nicht schlafen kann, dann schau ich mir die Bilder an», las ich laut.

«Ulkig, nicht?» fragte Bussi erwartungsvoll.

«Doch, doch», sagte ich höflich und stellte den Rahmen wieder auf seinen Platz zurück, einen zum Nachttisch umgewandelten Plattenkoffer.

Bussi und Viktoria fütterten mich in der Küche zwischen Stapeln angebrannter Töpfe mit Rührei und Bratkartoffeln ab.

«Eier?» fragte ich. «Wo habt ihr die denn her?»

«Brauchst bloß bei den Bauern auf den Führer zu schimpfen», sagte Bussi und kippte mir eine zweite Portion auf den Teller.

Viktoria rollte die Augen. «Bussi, du bist und bleibst ein leichtsinniges Huhn.»

Die lange Bahnfahrt, bei der ich über große Strecken hatte im Gang stehen müssen, steckte mir in den Knochen. Nachdem ich meinen Koffer ausgepackt hatte, verspürte ich nur noch den einen Wunsch, mir die Decke über den Kopf zu ziehen und zu schlafen. Aber die beiden waren längst noch nicht müde und begannen mir mit großer Ausführlichkeit den Dienstbetrieb zu erklären. Ich war erstaunt, wie intensiv man sich mit jedem einzelnen Pferd beschäftigen mußte. «Fünf Pferde jeden Tag reiten – ganz schön anstrengend», sagte ich. Daß wir bereits um halb sechs in der Kaserne zu sein hatten, und das bei doppelter Sommerzeit, ließ mich gleich noch müder werden. «Und Dienstschluß auch erst um halb sechs?»

«Dafür haben wir zwei Stunden Mittagspause», sagte Viktoria.

«Ein schwacher Trost.» Ich gähnte mit knackendem Kiefer. Die beiden sagten roh, ich solle mich nicht so haben, und stellten es als besondere Auszeichnung hin, daß wir Lebensmittelkarten für Schwerstarbeiter bekamen und uns vom Kommandeur sogar ein Stiefelputzer zugestanden worden war. «Wir stehen nämlich im Unteroffiziersrang, mußt du wissen. Bussi hat sogar schon Fahnenjunkern Unterricht am Fahrgerät gegeben», sagte Viktoria, durchdrungen von unserer Wichtigkeit. Namen von Wachtmeistern und Offizieren rauschten an mir vorbei, und der Name eines österreichischen Majors wurde besonders häufig erwähnt.

«Was habt ihr bloß dauernd mit diesem Menschen?» Ich gähnte wieder. «Und was ist das für eine ‹Truppe›?»

Ich erfuhr, daß sie überwiegend aus ehemaligen Schülerinnen des früheren Reitlehrers bestand. Er war in einer österreichischen Stadt Besitzer eines Reitstalls gewesen und hatte die Mädchen nach und nach von dort an die Reit- und Fahrschule und in seine Schwadron geholt. Aber nicht nur während des Dienstes, sondern auch in der Freizeit war er ständig von seinen Österreicherinnen umringt, die ihn mit dem hingebungsvollen Eifer von Arbeitsbienen gegen uns «Preußen» abzuschirmen versuchten.

Viktoria und Bussi begannen nun zu fachsimpeln. Ich döste vor mich hin, während sie von richtigen Zügel- und Schenkelhilfen sprachen, und schreckte erst empor, als Viktoria auf allen vieren durchs Zimmer kroch, um das exakte Wenden auf der Hinterhand zu demonstrieren. «Vielleicht bist du nun zur Abwechslung mal wieder ein Mensch und besorgst mir eine Birne für meine Nachttischlampe», sagte ich verdrossen.

Sie erhob sich, nahm eine ausgebrannte Glühlampe, beklopfte sie vorsichtig, bis sich die feinen Drähte wieder berührten, und schraubte sie behutsam ein. «Siehste, brennt!» Dann drehten wir unsere Haare ein und gingen endlich schlafen. «Du brauchst erst um acht in der Kaserne zu sein», sagte Viktoria noch, dann hörte ich nichts mehr.

Auf der Schreibstube zeigte man mir den Weg zur Kleiderkammer. Die Uniform mit der grauen Hemdbluse und dem schwarzen Schlips fand ich schick, aber Bussi hatte gemault, daß wir sie ständig anziehen mußten und nicht mal Zeug zum Wechseln hatten. Die Bereiterinnen anderer Reit- und Fahrschulen trugen nämlich richtiges Drillichzeug wie die Soldaten und hatten sogar eine Ausgehuniform mit einem springenden Pferd am Ärmelaufschlag. Ich bekam einen Gutschein für ein paar maßgearbeitete Reitstiefel. Bis sie angefertigt waren, mußte ich mich mit Knobelbechern begnügen.

Ich zog mich in der Kleiderkammer um und mühte mich, dem Schiffchen mit der Kokarde auf meiner drahtigen Dauerwelle den flotten Sitz in die Stirn zu geben, den ich bei den anderen gesehen hatte. Mit zwei Haarklemmen, die ich mir ohne Rücksicht auf meine Kopfhaut tief ins Haar rammte, schaffte ich es schließlich. Wohlgefällig betrachtete ich mich in meinem Taschenspiegel; dann machte ich mich auf den Weg zur ersten Schwadron, der ich zugeteilt worden war und zu der auch Viktoria und Bussi gehörten. Unter dem in schwarzen Buchstaben mit großen roten Anfangslettern prangenden Wahlspruch «Erst das Pferd und dann der Reiter» betrat ich den Stall. Weit und breit war kein Mensch zu sehen.

Vorbei an Pferdeständen, aufgehängten Sätteln und Trensen lief ich die Stallgasse entlang, bis ich auf einen Wachtmeister stieß. Nach Bussis Beschreibung mußte es Prange, der Spieß, sein. Seine Freude über die neue Arbeitskraft hielt sich in Grenzen. «Was für ein Pferd geb ich Ihnen bloß? Vielleicht den Giselher.» Er trat zu einem aufgeregt hin und her trippelnden Wallach mit weißer Blesse in den Stand. «Lammfromm das Tier. Zackelt vielleicht ein bißchen, aber sonst geht er tadellos. Nehmen Sie den Sattel da. Aber lassen Sie sich nicht gleich den Gurt klauen. Abteilung vier rückt in zehn Minuten raus.» Er gab dem Pferd einen Klaps auf die Kruppe und verließ mich.

«Zackelt ein bißchen, aber sonst tadellos!» Ich drehte mich um. Hinter mir saß auf einer strohumwickelten Stange, die das Nachbarpferd von Giselher trennte, derselbe Unteroffizier, der mir beim Vorreiten zugesehen hatte. Damals war ich zu aufgeregt gewesen, um ihn richtig wahrzunehmen. Aber jetzt musterte ich ihn genauer. Rabenschwarzes, unmilitärisch langes Haar, kleine Ohren, ebenmäßige Zähne, kräftiges Grübchenkinn, hochgewachsen. Ein Mensch wie aus einem Ufa-Film! Er grinste mich an.

«Sie können von Glück sagen, wenn er Ihnen einen Vorderzahn heil läßt.»

«Schlägt er etwa mit dem Kopf?» fragte ich ängstlich

und wuchtete den schweren Armeesattel vom Ständer, um ihn dem Wallach aufzulegen. Ich mühte mich mit dem Sattelgurt ab, aber so heftig ich auch zog und zerrte, Giselhers Bauch war zu dick.

«Zu kurz», stellte der Unteroffizier fest.

«Und was mach ich jetzt?» Ich war noch zappeliger als das Pferd.

Der Unteroffizier stand auf und tauschte mit flinken Händen den Gurt des Nachbarsattels aus.

«Aber –»

«Pscht!» Er legte seinen Finger warnend auf die Lippen, denn der Stall hatte sich inzwischen belebt. Ich sah, daß sich die Reiter der vierten Abteilung fertigmachten. Als ich mich wieder zu ihm umdrehte, war er verschwunden.

«Vierte Abteilung – raustreten!» brüllte eine Stimme. «Ein bißchen Tempo, wenn ich bitten darf! Das gilt besonders für unsere Damen.»

Ich seufzte. Kaum trug man Uniform, wurde nur noch im Befehlston mit einem gesprochen.

Den widerstrebenden Giselher hinter mir herziehend, klapperte ich mit den anderen aus dem Stall. Der Schwadronschef, ein magerer Fünfziger mit poröser Hakennase, begrüßte mich. Sein Blick schweifte wohlgefällig über mein schulterlanges Haar. Doch was ihm als Mann gefiel, durfte er als Soldat nicht dulden. «Sind Sie vielleicht Genoveva?» schnarrte er. «In Zukunft binden Sie Ihr Haar zusammen, oder stecken Sie es in ein Netz wie Ihre Kolleginnen.»

Prüfend betrachtete er mein Pferd. «Da hängt ja noch

der halbe Stall drin.» Er zupfte ein Strohhälmchen aus Giselhers Schweif. «Die Hufe haben Sie auch nicht ausgekratzt.»

Ich stellte mich kleinlaut mit meinem Pferd zu den anderen in die Reihe.

«Abteilung, fertigmachen zum Aufsitzen!» Ich setzte den linken Fuß in den Steigbügel. «Aufsitzen!» Ich stieß mich ab. Prompt trat der Wallach einen Schritt aus der Front heraus. Der Schwadronschef ließ die Abteilung absitzen und aufsitzen und wieder absitzen und aufsitzen. Ich schaffte es nicht. Mein Nebenmann machte ein Gesicht, als wollte er mir am liebsten eins mit der Peitsche überziehen, drohendes Murmeln erhob sich. Da kam mir der Unteroffizier zu Hilfe. Er winkte unauffällig einen russischen Pferdepfleger heran und gab ihm ein Zeichen, beim Aufsitzen Giselhers linke Hinterhand hochzuheben. Das Pferd wackelte erstaunt mit den Ohren, stand aber wie eingerammt.

Im Verband ritten wir durch die Kleinstadt. Man betrachtete uns eher reserviert. «Sie halten euch für Offiziersliebchen», erklärte mein neuer Beschützer, der neben mir ritt. «Deshalb hat man euch jetzt in Uniform gesteckt.»

«Ruhe dahinten!» rief der Rittmeister.

Giselher zwickte das Vorderpferd. Wütend drehte sich sein Reiter nach mir um. «Halten Sie gefälligst eine Pferdelänge Abstand, außerdem zackelt Ihr Gaul!»

Das hatte ich selbst schon bemerkt, denn die Gangart zwischen Schritt und Trab war unangenehm genug.

«Er zackelt», wiederholte ich und blickte den Unteroffizier hilfesuchend an.

«Was Sie nicht sagen!» Er beugte sich herunter, griff in Giselhers Trense und gab ihm einen solchen Ruck ins Maul, daß das Tier förmlich aufstöhnte und sich vor Schreck fast auf die Hinterhand setzte. Zackeln tat der Wallach nach dieser Kur nicht mehr, aber dafür schlug er jetzt heftig mit dem Kopf, so daß ich fürchten mußte, die Prophezeiung des Unteroffiziers könnte tatsächlich in Erfüllung gehen.

Als wir aus der Stadt heraus waren, rief der Rittmeister: «Feuer frei!», und wir griffen nach unseren Zigarettenschachteln. Der Unteroffizier machte tiefe Lungenzüge. «Meine letzte.» Er warf die leere Schachtel ins Gebüsch.

Vorbei an schilfumwachsenen Karpfenteichen und struppigen Weiden ritten wir, bis wir am Rand einer steilen Sandgrube haltmachten. Der Schwadronschef ließ uns einzeln den Abhang hinunterreiten. Ich war heilfroh, als ich unten gelandet war. Ungestüm drängte sich Giselher zwischen die anderen Pferde, die anfingen auszukeilen.

«Dieses Pferd klebt», stellte der Rittmeister fest. «Das muß ihm abgewöhnt werden. Reiten Sie noch einmal nach oben und dann den Abhang herunter.»

Mir wurde flau.

«Angst?» fragte der Schwadronschef. Ich schämte mich, es zuzugeben, und machte mich auf den Weg. Giselher wollte nicht einsehen, warum er nicht bei seinen Stallgefährten bleiben durfte. Er wieherte und schlug heftig mit dem Kopf. Es kostete mich große Anstrengung und einige Gertenhiebe, bis ich ihn wieder nach oben gelotst hatte. Mein Gott, fiel diese Sandgrube steil ab! Auch Giselher schien das zu finden. Klatschnaß tänzelte er hin und her. Als ich ihn schließlich soweit hatte, fiel mir der Ratschlag des Unteroffiziers ein: «Beim Runterreiten immer kleine Paraden geben, dann ist das Pferd abgelenkt und kommt nicht ins Springen.»

Trotzdem hatten wir noch ein beachtliches Tempo drauf, als wir, in eine Sandwolke gehüllt, dem Schwadronschef vor die Füße rutschten. Doch der zeigte sich zufrieden. «Das ging ja besser, als ich erwartet hatte. Aber Sie haben noch nicht das richtige Gefühl – man muß spüren, was in dem Tier vorgeht.»

Damit sich die jungen Pferde ans Wasser gewöhnten, durchritten wir auf dem Heimweg eine Furt. «Treiben Sie das Pferd vorwärts, wenn es anfängt, mit den Hufen zu scharren», belehrte mich der Rittmeister, «sonst legt es –» Weiter kam er nicht. Er war im Wasser verschwunden.

«Man muß spüren, was in dem Tier vorgeht», sagte der Unteroffizier leise, und alle grienten. Wütend tauchte der Schwadronschef wieder auf. «Was gibt es da zu lachen?»

Als ich absattelte, kam der Spieß zu mir. «Was ist denn mit dem Giselher passiert? Dem tropft ja blutiger Schaum aus dem Maul!»

Der Unteroffizier trat in den Stand. «Hab ihm eine halbe Parade gegeben», erklärte er.

Der Spieß seufzte. «Was fürn Glück, daß Sie ihm

nicht gleich 'ne ganze verpaßt haben, dann wären wir den Gaul los.» Dann sah er mich fast ein wenig mitleidig an. «Am ersten Tag sollten wir es lieber sacht angehen lassen, sonst kommen Sie morgen vor lauter Muskelkater nicht mehr in den Sattel. Das heißt, die Graugans muß noch geritten werden. Aber sie hat ein ruhiges Temperament. Die Braune da hinten.» Er deutete auf die letzte Reihe und ging in die Futterkammer.

Ich sah mir den Dienstplan auf der Tafel am Stalleingang an und dann auf die Uhr. Noch zwanzig Minuten Zeit, bis die nächste Abteilung dran war. Wo blieben denn bloß Viktoria und Bussi? Die anderen Mädchen, die auf der Stallgasse zusammenstanden und sich unterhielten, würdigten mich kaum eines Blickes. Ich strebte an die frische Luft. Als ich aus der Tür trat, prallte ich mit einer Bereiterin in Zivil zusammen. Sie musterte mich kühl. Immerhin ließ sie sich herab, ein paar Worte mit mir zu wechseln. «Welche Pferde hat man Ihnen denn zugeteilt?»

«Bis jetzt Giselher und Graugans», sagte ich.

Sie machte ein erleichtertes Gesicht. «Hauptsache, der Spieß gibt Ihnen keins von meinen», sagte sie unverblümt und ließ mich stehen.

Verdattert kehrte ich in den Stall zurück. Das war vielleicht ein Ton hier! Auf der Suche nach Graugans entdeckte ich gleich zwei Braune «da hinten». Ein Pferd war bereits gesattelt. Dann meinte der Spieß wohl das andere. Aber wo war mein Sattel geblieben? Trotzig nahm ich mir den nächsten besten. Sollte doch sein Besitzer sehen, woher er einen bekam! Das Pferd schien höchst erstaunt, als ich zu ihm trat. Ein Zittern lief durch seinen Körper. Ein ängstliches Vieh! Als ich den Gurt anzog, schnappte es nach mir. Ich gab ihm einen festen Klaps aufs Maul und streifte ihm die Trense über. Dann klaubte ich ihm das Stroh aus Schweif und Mähne und kratzte die Hufe aus. Ich hatte meine Lektion gelernt.

Diesmal wurde in der gedeckten Bahn geritten. Bei dem Kommando «Durch die Bahn wechseln!» starrte mich der Spieß, der den Reitunterricht gab, entgeistert an. Was hatte ich denn nun schon wieder falsch gemacht? Er deutete mit der Reitpeitsche auf mich: «Reiten Sie aus der Abteilung heraus, und sitzen Sie ab. Aber langsam, gaanz langsam!»

Im Zeitlupentempo ließ ich mich aus dem Sattel rutschen. Auf Pranges Wink wurde mir das Pferd von einem Gefreiten abgenommen, der es so behutsam am Zügel hinausführte, als sei es mit Dynamit gefüllt. Der Spieß atmete tief durch. «Wer, zum Teufel, hat Ihnen dieses Tier gegeben?»

«Sie selbst», antwortete ich verwundert. «Sie haben gesagt, ich soll die Graugans nehmen.»

«Graugans, Graugans! Das ist die Gestapo, die darf nicht mehr geritten werden. Die hat einen Pferdepfleger fast totgetrampelt. Können Sie nicht lesen? Der Name steht doch groß genug über der Krippe.»

Darauf hatte ich nicht geachtet. «Das andere Pferd war schon gesattelt, und da dachte ich . . . Und überhaupt, das Tier war doch ganz friedlich», verteidigte ich mich mit weichen Knien.

«Friedlich? Einen Mordsdusel haben Sie gehabt. Hat

den Pferdepfleger angenommen wie'n bissiger Hund, taugt nur noch für den Schlachthof, die Gestapo.»

«Dabei hatte ich Ihnen die Graugans schon fertiggemacht», mischte sich der Unteroffizier vorwurfsvoll in unser Gespräch. Der Spieß warf ihm einen spöttischen Blick zu. «Immer den großen Kavalier spielen, aber Haare wie'n Mädchen!»

Verstört fand ich mich in der Fleischerei ein, dem Mittagstisch für die Bereiterinnen. Viktoria und Bussi warteten bereits auf mich.

«Na, wie war's?»

«Wo habt ihr denn nur gesteckt?»

«Im Pferdelazarett, wir mußten zwei von unseren Pferden verarzten lassen.»

Ich war den Tränen nahe. «Erst haben sie mich auf so einen zackeligen Fuchs gesetzt, und dann hab ich ein Pferd erwischt, das auch noch Gestapo heißt.»

Sie ließen vor Schreck ihre Löffel ins Lungenhaschee fallen. «Wer ist denn auf die Idee gekommen?»

«Eine Verwechslung. Wer denkt sich bloß die Namen für die Remonten aus?»

«Alle gemeinsam.» Sie sahen sich lachend an.

Mein Klagelied war noch nicht zu Ende. «Keins von den Mädchen hat auch nur ein Wort mit mir gewechselt, und so eine blonde, arrogante Ziege hat mir auch noch zu verstehen gegeben, daß ich ihre Pferde ja nicht anrühren soll.»

«Das war bestimmt Lisel», meinte Viktoria. «Der darfst du nicht in die Quere kommen, die schreckt vor nichts zurück. Weißt du, was sie neulich getan hat? Eine Neue mit der Gummizwille beschossen, weil der Kommandeur dem armen Ding zum Vorreiten ihr Stammpferd gegeben hat. Aber getroffen hat sie das Pferd. Das ist vielleicht in der Bahn rumgeschossen!» Sie stellte die Teller zusammen. «Und der Vater ist Pastor, man sollte es nicht glauben!»

«Deutscher Christ», sagte Bussi. «Aber manchmal kann sie auch recht nett sein.»

Viktoria war da anderer Meinung. «Und den Freund von ihr solltest du erst mal sehen, wenn der mit ihr in seinen Bubihosen über den Marktplatz stolziert! Er ist Lagerleiter oder so was bei der HJ.»

«Sechs kleine Negerlein, die sahen einen Pimpf, der eine sagte Lausepack, da waren's nur noch fünf», murmelte Bussi.

«Der einzige, der sich um mich bemüht hat, war ein Unteroffizier», lamentierte ich weiter.

Die beiden lachten schon wieder. «Das ist Blacky Boy, der Sohn aus gutem Hause. War früher mal Turnierreiter. Er hat eine schwere Verwundung und ist deshalb hier gelandet. Bild dir bloß nichts ein. Wirst ihn schon noch kennenlernen.»

Doch ich bildete mir etwas ein, denn auch in den folgenden Tagen wich der Unteroffizier nicht von meiner Seite, so daß die anderen Bereiterinnen die Köpfe zusammensteckten und tuschelten, wenn wir an ihnen vorbeigingen. Dieser offenkundige Neid beflügelte mich. Ich stieg mit einem solchen Schwung in den Sattel, daß ich auf der anderen Seite wieder herunterflog. «Sie sind aber temperamentvoll», sagte der Unteroffizier.

Am Sonnabend bekamen wir Mädchen eine Sonderzuteilung Rauchwaren. «Ich werd Ihnen zeigen, wo die Ausgabe ist», sagte Blacky Boy zuvorkommend. Er sah zu, wie ich dem Kantinenwirt den Empfang quittierte. Ehe ich jedoch nach der Packung R6 greifen konnte, hatte er sie sich schon in die Tasche geschoben. «Ist Ihnen doch recht? Eine Hand wäscht die andere.» Weg war er, und eine passende Antwort fiel mir erst hinterher ein.

Ich fühlte mich so blamiert, daß ich Viktoria gar nichts davon erzählen wollte. Aber der Ärger war zu groß. Sie tröstete mich. «So macht er's mit jeder Neuen. Aber lernen kannst du eine Menge von ihm, und er hat dir ja auch wirklich sehr geholfen. Ich glaub, für Zigaretten würde der glatt seine Knochen auf der Gestapo riskieren.»

«Wie schmeichelhaft», sagte ich wütend.

15

«*Ich hab an viel zu weeches Herze*, daß ich euch immerfurt weglasse!» Hauptwachtmeister Prange schien die auf die Briefumschläge gestempelte Mahnung: «Deutscher, vergiß deine Heimatsprache nicht!» genau zu nehmen. Immer häufiger verfiel er uns gegenüber in seinen schlesischen Dialekt und in das vertrauliche «ihr», das er im Hochdeutschen streng vermied.

«Ich könnt ihm glatt die Glatze küssen!» Viktoria, die ihm eben die Erlaubnis abgeluchst hatte, mit mir vor Dienstschluß die Kaserne zu verlassen, winkte glücklich der Wache zu, an der wir gerade vorbeiradelten.

Ja, «Vatl Prange» konnte ein rechtes «Rührstückl» sein. Schwadron und Vorgesetzte lenkte er mit der gleichen Ruhe und Gelassenheit wie seine Pferde. Wenn ihm gelegentlich eine Anordnung des Rittmeisters gegen den Strich ging, wiederholte er nur den Befehl in ganz entsetztem Tonfall, so daß dem Schwadronschef schnell von allein klar wurde, was er da für einen Bock geschossen hatte. Im Sattel machte er keine gute Figur. Er war kurzbeinig und mollig, so daß zusätzliche Löcher in seine Bügelriemen gestanzt werden mußten, und wirkte auf einem Pferd wie ein Tennisball mit Sporen. Aber die Remonten fühlten sich wohl unter ihm und entfalteten ihre Talente wie junge

Pflanzen ihre Blätter im sanften Regen. Wenn sein Stammpferd, der Ural, dieses schwarze, riesige Ungeheuer mit dem Temperament eines Nashorns, übermütig mit ihm über den weiten Exerzierplatz fegte, erwartete man jeden Augenblick, daß es vom Boden abheben und mit ihm in den Wolken verschwinden würde. Doch Prange konnte die Pferde auch das Gruseln lehren. So war eine seiner Spezialitäten, renitenten Pferden das Steigen abzugewöhnen. Sobald sie nur noch auf zwei Beinen standen, gab er ihnen einen so kräftigen Ruck ins Maul, daß sie das Gleichgewicht verloren und sich rückwärts überschlugen, während er sich rechtzeitig aus dem Sattel hatte fallen lassen. Danach versuchte das verstörte Tier nie mehr solche «Mätzchen».

Auch von uns ließ er sich nicht «uffm Koppe rumspukken». Wenn wir uns zuviel herausgenommen hatten, schwebte er, aufgeladen mit gefährlicher Energie, lautlos wie ein Kugelblitz durch den Stall, und wer in solchen Augenblicken ahnungslos mit ihm zusammenstieß, brauchte lange, um sich von diesem Schock zu erholen. Aber im allgemeinen war er eine sanfte Seele, die außer sich darüber war, wenn seine Unteroffiziere die in der Reitbahn herumflatternden Tauben mit der Peitsche für den Kochtopf herunterholten oder ihnen mit Schnaps getränktes Brot hinwarfen, damit sie sich leichter fangen ließen. Als er eine total beduselte Taube auf der Futterkiste vorfand, die ihn, anstatt wegzufliegen, zärtlich angurrte, schlug er die Hände zusammen und rief: «Man mechte sprechen, es is nich meeglich!»

Er erlaubte stillschweigend, daß wir den russischen

Kriegsgefangenen Brot und Zigaretten zusteckten, und übersah die Skatrunden, die sich in einer stillen Ecke während der Dienstzeit zusammenfanden. Wenn es sein mußte, deckte er seine Leute auch vor dem Rittmeister.

So auch an jenem Montag nachmittag, als «Einfahren» auf dem Dienstplan stand, eine ziemlich langweilige und anstrengende Angelegenheit, die für uns Mädchen hauptsächlich aus Auf- und Abschirren und dem Bedienen der Bremse am Wagen bestand. Damit die Remonten sich allmählich ans Ziehen gewöhnten, mußten sie zunächst vor eine Sandschleppe gespannt werden. Ich bekam von dem diensttuenden Reitlehrer, einem Stabswachtmeister, den Befehl, die Gundula in die Reitbahn zu bringen.

«Die Gundula?» fragte ich verblüfft. «Die zieht doch schon spielend 'ne Fuhre Mist!»

«Tun Sie gefälligst, was man Ihnen sagt.» Der Wachtmeister kniff die Augen zusammen und sah mich aus seinem verkaterten Gesicht ungnädig an.

Die arme Stute fuhr aus ihrem Nachmittagsschlaf auf und tat einen erschreckten Quieker, als ich ihr das schwere Geschirr überstreifte. Doch nachdem ich sie in der Reitbahn vor die Schleppe gespannt hatte, wurde sie von dem Wachtmeister mit einer Handvoll Hafer getröstet und durfte mit eingeknickten Beinen weiter vor sich hindösen. Während es sich zwei Unteroffiziere und zwei von uns Mädchen auf der Schleppe bequem machten und zu rauchen begannen, hatte sich der Reitlehrer auf einen leeren Hafersack in die Sägespäne gepackt und schnarchte vor sich hin.

Die friedliche Ruhe wurde von einem leisen Pfiff unterbrochen. Er kam von dem Wachtposten, den der Stabswachtmeister vorsorglich vor die Reithalle gestellt hatte. Er erhob sich blitzschnell, klopfte sich die Sägespäne aus der Uniform und scheuchte uns durcheinander. Von unserem lauten «Ho! Ho!» begleitet, trabte Gundula, die Sandschleppe mit uns als Gewicht hinter sich herziehend, gehorsam durch die Bahn.

«Bahn frei!» rief der Spieß, der den Schwadronschef begleitete. «Ist frei!» antworteten wir zackig, und der Rittmeister öffnete die Klapptür zur Bahn. Er warf einen gelangweilten Blick auf die schnaubende Gundula. Dann machte er ein nachdenkliches Gesicht und tippte sich mit der Reitpeitsche ans Kinn. «Hab ich die Stute nicht neulich schon im Viererzug gesehen?»

«Herr Rittmeister meinen wahrscheinlich die Garbe», sagte Vatl Prange. «Die beiden sehen sich zum Verwechseln ähnlich. Könnten direkt Zwillinge sein.»

«Ach so.» Der Rittmeister unterdrückte ein Gähnen. Mit einem hingeworfenen «Weitermachen!» verließ er die Bahn. Der zurückgebliebene Spieß sah seinen Wachtmeister an, der betreten zu Boden blickte. «Ein Stammpferd vor die Schleppe zu spannen! Ich muß schon sagen. Das nächste Mal laßt euch was Besseres einfallen, ihr faulen Köppe.» Er stapfte davon.

Wenn am Sonnabend eine halbe Stunde vor Dienstschluß die beiden anderen Schwadrone noch im Gelände herumsausten oder bei glühender Sonne das Herausreiten aus der Abteilung übten, herrschte bei uns bereits

Aufbruchsstimmung. Der Spieß sah alle Augenblicke auf die Uhr und meinte schließlich: «Schluß für heut, packt euer Gelumpe.»

Wir sattelten in Windeseile ab. Bald darauf strebte, wer den Fronturlauberzug nach Breslau nehmen wollte, dem Bahnhof zu. Wir Reiterinnen waren zwar disziplinarisch der Wehrmacht unterstellt, galten aber nicht als Wehrmachtsangehörige, sondern als Angestellte und durften daher diesen Zug nicht benutzen. Hauptwachtmeister Prange fand einen Ausweg. Während er mit seinen Leuten die Wehrmachtstreife, die «Kettenhunde», ablenkte, schlichen wir uns hinter ihrem Rücken hinein. Bis man uns dann im Abteil entdeckte, war der Zug schon wieder in voller Fahrt und hielt bis Breslau nicht.

Einmal wurden Viktoria und ich auf dem Breslauer Bahnhof von einer Nachrichtenhelferinnen-Führerin zur Rede gestellt. Sie hielt uns für Blitzmädchen und erregte sich lautstark über unseren in ihren Augen unmöglichen Aufzug, Reithosen und Sporen. An einen Gepäckwagen gelehnt, hörte Prange genüßlich zu, wie wir uns ankeiften, und schaltete sich erst ein, als sie Anstalten machte, uns der Bahnhofsstreife zu übergeben.

Hauptwachtmeister Prange war Witwer, sein Sohn war gleich bei Kriegsbeginn gefallen. Man sprach von einem Verhältnis mit einer Geschäftsfrau im Ort. Doch seine uneingeschränkte Liebe gehörte Maria, seiner Tochter, die im Rheinland beim Telegrafenamt arbeitete. Nach dem, was er von ihr erzählte, mußte sie eine

Mischung aus keuscher Nonne und flottem Käfer sein: unschuldig immer wieder in die merkwürdigsten Situationen geratend, aus der väterliche Fürsorge sie jedesmal mit Brachialgewalt befreien mußte.

«Goar su leichte is doas nu ooch wieder nich gewesen», sagte Vatl Prange dann, stets aufs neue erbost. «Ich hoab den Kerle erscht was aufm Kuppe geben missen.» Und dann wieder ruhiger: «Ich erzähle Ihnen das bloß, damit Sie wissen, wie das Leben ist.»

Am Anfang hatte Vatl Prange sich dagegen gesträubt, Mädchen im Stall zu haben – «Damit mir noch mehr Männer an die Front abgestellt werden!» –, aber daß seine Schwadron als letzte welche bekam, hatte ihm auch wieder nicht gepaßt. Die erste Zeit war er um die Bereiterinnen herumgeschlichen wie jemand, dem man ein exotisches Tier ins Haus gebracht hat – «Was tut's? Was frißt's?» –, aber dann begann sein überentwickeltes Vaterherz zu schlagen. Vatl Prange, der bislang auch recht flotte Sprüche über «Weiber» zum besten gegeben hatte, duldete von nun an keine zweideutigen Witze mehr in Gegenwart «seiner Mädels», und wenn wir uns während unserer Regel für die freien Tage abmeldeten, hielt er den Kopf geniert gesenkt, malte mit der Reitgerte Figuren auf die Stallgasse und murmelte, seiner Tochter hätte er «an Arsch volle Priegel» gegeben, wenn sie auf die Idee gekommen wäre, sich überhaupt bei der Wehrmacht zu melden. Mit sittlichem Ernst und väterlicher Eifersucht wachte er über uns, obwohl natürlich keine seinem unvergleichlichen Mariechen im Aussehen das Wasser reichen konnte. Die einzige, die dem

Vorbild etwas näherkam, war Lisel. «Die hat wenigstens ordentlich was in der Bluse.» Aber das war auch die einzige anzügliche Bemerkung, die er sich erlaubte.

Obwohl er sich bemühte, niemand vorzuziehen, ließ sich nicht übersehen, daß Bussi und Lisel seine Lieblinge waren. Die immer fröhliche, unbeschwerte, wenn auch etwas vorwitzige Bussi mochte jeder. Anders war es bei der launischen, ehrgeizigen Lisel, die, nur damit kein anderer ihre Pferde ritt, auf ihre freien Tage verzichtete und fast handgreiflich wurde, sowie sie sich zurückgesetzt fühlte. Für eine Pastorentochter war sie außerdem reichlich nachtragend, von der christlichen Tugend des Vergebens und Vergessens hielt sie nichts. Dabei hatte sie durchaus auch ihre Qualitäten. Sie hatte große Geduld mit den jungen Pferden, war ausdauernd und zuverlässig und konnte ein guter Kumpel sein. Wenn die knappe Zuteilung an Heizmaterial für den Kohlenherd in unserem Gästetrakt wieder mal viel zu schnell zur Neige ging, machte ich mich mit ihr zum Holzsammeln auf. Wir landeten meist an der großen Holzmiete hinter den Ställen des Schloßgutshofes, und während ich die Holzscheite in einen Sack steckte, lenkte Lisel den Inspektor ab. Die Hände mit der Reitpeitsche hinter dem Rücken verschränkt, damit ihre Oberweite gut zur Geltung kam, plänkelte sie mit ihm herum, bis ich mich wieder davongemacht hatte.

Der Spieß sah ihr manches nach. In seinen Augen war sie nicht nur eine gute Reiterin, sondern auch ein von uns ganz verkanntes, mitfühlendes Mädel und «hibsch» dazu. Seine Einstellung rührte wahrscheinlich daher, daß sie sich so patent gezeigt hatte, als die «fürchterliche Nachricht» kam.

Die «fürchterliche Nachricht», seither Zeitmesser und Gedächtnisstütze, hatte ihn in der Mittagspause erreicht. Lisel und ich waren auf dem Weg zur Fleischerei noch einmal umgekehrt, weil wir unsere Uniformjacken vergessen hatten. «Warum nur die Pferde so unruhig sind», sagte Lisel. Wir fanden unseren Spieß ganz verstört auf einem Strohballen im Kreise der russischen Gefangenen sitzen. Die Trauer ihres Gönners schien ihnen ins Herz zu schneiden. Sie umgaben ihn mit tröstenden Lauten und klapperten erst auf ihren Holzschuhen davon, als Lisel sie mit einer unwirschen Bewegung verscheuchte.

«Was ist denn, Herr Hauptwachtmeister?» Sie kniete sich neben ihn. «Hat Sie ein Pferd geschlagen?»

Prange schüttelte den Kopf. «Ich bin gerade angerufen worden.» Er fuhr sich mit seinem Taschentuch über Gesicht und Glatze. Eine Bombe habe das Telegrafenamt von seinem Mariechen getroffen, alle seien verschüttet. «Und was das allerscheenste is, es hoat viel zu spät Alarm gegeben.»

Lisel zündete wortlos eine Zigarette an und steckte sie ihm in den Mund. Dann lief sie in die Kantine und kam mit einem Wasserglas voll französischem Kognak zurück, den sie dem Kantinenwirt aus seinen privaten Beständen abgeschwatzt hatte. Das brachte den Spieß wieder auf die Beine.

Zwar stellte sich hinterher glücklicherweise heraus, daß Pranges Mariechen nicht unter den Toten war – sie hatte gerade Urlaub gehabt –, aber für den Spieß blieb Lisel das Mädchen, das ihm in der Stunde seines großen Verlustes beigestanden hatte.

Leider hatte Vatl Pranges Vaterliebe ihre Grenzen, nämlich immer dann, wenn es um gewisse Vorrechte der Männer ging. So durften wir uns zwar unter den neuen Remonten unsere zukünftigen «Schüler» selbst aussuchen und die ersten Wochen auf ihnen unsere Knochen riskieren – «Ihr Frauen habt genau das richtige Gewicht!» Aber wenn wir ihnen die schlimmsten Mukken abgewöhnt hatten und nicht mehr täglich herunterflogen, duldete der Spieß stillschweigend, daß unsere männlichen Kollegen sie uns wieder wegnahmen. Für uns blieb der schäbige Rest, auf den sowieso niemand scharf war, traurige, müde Gestalten mit abfallender Kruppe und Ziegenhals. So eignete sich Blacky Boy ohne viel Federlesens meinen besonderen Liebling an, einen zierlichen Schweißfuchs mit sternförmiger Blesse, der mir bereits wie ein Hund nachlief, sich im Stand allein umdrehte und auf Kommando mit den Hufen scharrte.

Diesmal überging ich den Spieß und beschwerte mich direkt beim Schwadronschef. Der sah sich den Fuchs interessiert von allen Seiten an. Kennerisch tastete er seine Sprunggelenke ab. «Wirklich, ein entzückendes Pferdchen.» Dann fällte er den Schiedsspruch: «Vier Wochen dürfen Sie ihn noch behalten, dann werde ich ihn selbst reiten.»

Ungerührt von meinen Tränen, die mir vor Wut in die Augen schossen, verließ er den Stand, und der russische Pferdepfleger tröstete mich: «Nitschewo. Du bald kaputt, Gitler kaputt, alle kaputt.»

Die Wachtmeister und Unteroffiziere hatten zu einem Schwadronsabend eingeladen, und dieses Ereignis warf seine «Schatten» voraus. Der Spieß war jetzt viel unterwegs, um alles zu organisieren. Ich wollte mein geliebtes Dirndl anziehen, das aus einem zu diesem Zwecke hellblau eingefärbten Wappentischtuch geschneidert worden war. Viktoria schüttelte den Kopf. «Damit läufst du doch schon nach dem Dienst dauernd rum, das nimmt dir Vatl Prange bestimmt übel. Zieh lieber dein Taftkleid an.»

Das hatte zwar gerade über dem Busen einen Fettfleck, aber der ließ sich mit einer goldenen Nadel leicht kaschieren.

Vatl Prange begrüßte jede einzelne von uns am Eingang des Unteroffizierskasinos. Unsere Tischherren wurden herbeigewinkt, und dann ließen wir uns zum Essen nieder. Es gab Kaninchenbraten aus eigener Zucht, dazu Kartoffelklöße und Sauerkraut, als Nachtisch ein sehr rotes, wässeriges Eis, das stark nach IG-Farben schmeckte, und für die Damen Bowle und Mokkalikör. Ich hatte mein Glas noch halbvoll, da gab mein Tischherr der Ordonnanz schon ein Zeichen: «Hier staubt's im Glase!» Ich war froh, daß ich Vaters Rat, die Magenwände vorher mit Fett einzuschmieren, befolgt hatte. Zwar mußte ich nach dem schon leicht ranzigen Sardinenöl noch tagelang aufstoßen, aber ich blieb stocknüchtern.

Der Alkohol lockerte allmählich die Zungen. Das Gespräch drehte sich um den Krieg und steuerte langsam immer gefährlicheren Klippen zu. Die leichtsinnige Bussi begann politische Witze zu erzählen. «Eine Frau kriegt ein Paket, darin soll eine Gans sein. Aber wie sie den Karton aufmacht, liegt nur ein Zettel drin. Und wißt ihr, was drauf steht? ‹Vom Feindflug nicht zurückgekehrt.›»

Der Spieß wurde unruhig. Er klatschte in die Hände. «Alle mal herhören! Jetzt wird getanzt. Rückt die Tische beiseite.» Zu der Polka «Rosamunde» schoben wir uns über die Dielen. Zwischendurch sangen wir «Oh, du schöner Westerwald» und «Auf der Heide blüht ein kleines Blümelein».

Um Mitternacht fanden Bussi, Viktoria und ich es an der Zeit zu gehen. Wir schienen nicht die ersten zu sein, denn drei unserer Kolleginnen fehlten bereits. Wir verabschiedeten uns von Vatl Prange, der gerade Lisel nach einem Marschtanz auf ihren Platz zurückgebracht hatte und uns aus etwas verglasten Augen ansah. «Selbstverständlich», sagte er, um deutliche Aussprache bemüht, «werden die Damen in die Quartiere gebracht.» Er winkte einem Unteroffizier. «Kümmern Sie sich um einen Wagen.»

Völlig übermüdet kamen wir am nächsten Tag verspätet zum Dienst. Aber unsere Pferde waren bereits von hilfreichen Händen gesattelt und aus dem Stall geführt worden, so daß wir nur aufzusitzen brauchten. Es herrschte eine eigentümlich gespannte Atmosphäre, die wir uns nicht erklären konnten. Irgend etwas lag in der

Luft. Zunächst ging alles seinen gewohnten Gang. Die letzte Stunde vor der Mittagspause war der Spieß unser Reitlehrer. Wir hingen recht und schlecht in den Sätteln, aber er sagte nichts. Der Himmel hatte sich bewölkt, und es fing an zu regnen. Als der Regen stärker wurde, ließ uns Prange absitzen. Zwanzig Minuten früher als üblich durfte die Abteilung in den Stall zurück. «Ausgenommen die Damen Herrmann, Kauz und Kunze. Reiten kann man das wohl nicht nennen, was Sie da machen. Schmerzen im Kuppe? Fangt bloß nicht an, hier rumzunatschen. Bügel hoch und antraben.»

Eine halbe Stunde später hinkten die drei schimpfend und mit Tränen der Wut in den Augen die Stallgasse entlang.

«Scheen is, wenn in Grase liggt, schlimm is, wenn in Frässe fliggt. Ibberschrift: där Handgranate», spottete Blacky Boy nicht ohne Schadenfreude.

Ich sah ihn verständnislos an. «Was soll denn das nun wieder, und was ist eigentlich in den Spieß gefahren, die Armen so zu schleifen?»

«Hat es sich nicht bis zu Ihnen rumgesprochen? Die Damen sind von unserm Fest weg und ins Offizierskasino gegangen. Die Herren vom Fahnenjunkerlehrgang waren wohl amüsanter. Soll recht munter zugegangen sein.»

«Fräulein Herrmann», hörten wir den Spieß brüllen, «warum ist Ihr Pferd nicht abgerieben?»

Wie ein nach Fliegen schnappender Frosch schnellte Vatl Prange an uns vorüber. «Werd euch die Faxen schon austreiben», hörte ich ihn murmeln.

«Ja, ja, Tugend will ermuntert sein.» Blacky Boy sah mich an. «Bei Ihnen ist das wohl nicht nötig.»
Ich beschloß, es als Kompliment zu nehmen.

16

Der österreichische Major war zum Kommandeur der Reit- und Fahrschule ernannt worden. Die «Truppe» reagierte auf die Nachricht mit einem Jubelschrei und warf auf dem Kasernenhof begeistert ihre Schiffchen in die Höhe. Auch wir Preußen freuten uns. Der ehemalige k. u. k. Offizier war, abgesehen von einigen Marotten, zu denen Zornausbrüche über verschlampte Schiffchen und schlecht geputzte Stiefel gehörten, ein Vorgesetzter, an den man sich vertrauensvoll wenden konnte, wenn man in Schwierigkeiten war. Und er teilte unsere Ansichten über den obersten Kriegsherrn. Während wir auf unseren Betten lagen und «Geisterspucke» aßen, eine Speise, die aus Obstsaft und steif geschlagener Magermilch bestand, unterhielten wir uns über ihn.

«Und nicht mal angebräunt», sagte Bussi. Dann vertiefte sie sich in einen Brief. Die riesigen Buchstaben in deutscher Schrift waren uns nicht unbekannt.

«Na, was hat denn dein Großmütterchen diesmal wieder angestellt?» fragten wir.

Bussi war bei der Generalswitwe in Berlin aufgewachsen und steckte voller Geschichten über die Exzellenz. Dabei stiefelte sie kilometerweit in ihre Kindheit zurück und ließ keine Ecke aus. So wurden wir allmählich gut vertraut mit den Gewohnheiten der exzentrischen alten Dame, die ab vier Uhr nachmittags die Orden ihres Mannes trug und mit Vorliebe Karl May las. Teils aus Zerstreutheit, teils absichtlich war sie immer dicht davor, der Partei ins Schußfeld zu geraten.

Als die Pfundspende propagiert wurde, drückte sie dem sammelnden Pimpf schon einmal aufgegossene und wieder getrocknete Teeblätter in die Hand, was die Haushälterin glücklicherweise bemerkte, bevor der Junge damit abzog. Daß ein Exemplar der einige Jahre vor dem Krieg in München erschienenen und sofort verbotenen Faschingszeitung «Netteste Nachrichten» zwischen das Altpapier geraten war, fiel ihr erst auf, als der Hauswart, der das Papier abholte, darauf glotzte und verständnislos fragte: «Wat issen det fürn Organ?» Den Friseur und Blockwart bezeichnete sie nur als den «Schnutenschraaper» und nannte ihn beharrlich Herr Klacks, obwohl er sie von Mal zu Mal unmutiger verbesserte: «Klacke mein Name.»

Ihren sorglosen Umgang mit der Obrigkeit hatte Bussi anscheinend übernommen, denn sie machte gern lästerliche Bemerkungen und erzählte mit Passion politische Witze. «Du wirst dich damit noch in Teufels Küche bringen», warnten wir sie, aber sie zuckte nur die Achseln, klappte ihre roten Kniestrümpfe über die Schäfte der Reitstiefel und steckte sich ein gläsernes Marienkäferchen über das Hoheitsabzeichen an der Jacke, ehe sie zum Dienst loszog.

Kopfschüttelnd duldete Vatl Prange, daß sie die Schwadron mit immer neuen Einfällen überraschte:

knallroten Gürteln in den Breeches, das Haar einmal zum Mozartzopf geflochten und mit einer riesigen Schleife gebunden, ein andermal zu einer «Entwarnungsfrisur» nach oben getürmt. Er nahm bei ihr manches in Kauf, was andere sich nicht erlauben durften. Wenn sie morgens, wie immer in letzter Minute, mit schrillender Ziehklingel am Wachtposten vorbei über den Kasernenhof geradelt kam, wurde der Spieß zwar dienstlich und tadelte: «Mal wieder halbnackt und Haare wie 'ne Wilde.» Aber er hatte längst dafür gesorgt, daß ihr Pferd gesattelt und herausgezogen war. Auch ihre Temperamentsausbrüche ließ er ihr durchgehen. So hatte es einen großen Knatsch zwischen ihr und dem Rittmeister gegeben, auf dessen Anordnung unsere erprobten Armeesättel gegen italienische ausgetauscht worden waren. Der Rittmeister hatte es gut gemeint. Die Sättel waren aus Wildleder, sahen elegant aus und waren federleicht. Aber sie hatten keine richtige Sattellage, und man saß darauf wie auf einem Stück Schmierseife. Bussi flog als erste herunter, und als der Schwadronschef auch noch ungeschickt scherzte: «Absteigen ist nicht befohlen worden», schnallte sie den Sattel ab und schmiß ihn dem Sprachlosen vor die Füße. Einen Mann hätte der Rittmeister kurzerhand einsperren lassen. Aber ein Mädchen? Da ließ er sich lieber von seinem Spieß beruhigen, der von einem schweren Sturz sprach, den das Fräulein neulich gehabt habe, und von den Kopfschmerzen, unter denen sie seitdem leide.

Während Vatl Prange noch besänftigend auf seinen Vorgesetzten einredete, geriet dem eine zweite militärische Unmöglichkeit ins Blickfeld. Im vorgeschriebenen Mitteltrab schwebte Lisels Pferd an ihm vorbei, und auf seinen Ohren saßen zwei maßgehäkelte Ohrenschützer. «Verfluchte Weiber», murrte er. «Nichts wie Albernheiten im Kopf.» Der Spieß nickte beipflichtend.

Vatl Prange bedachte Bussi hinterher nur mit einem vorwurfsvollen Blick. Dafür knöpfte er sich Lisel um so energischer vor, die ihm allzu übermütig zu werden schien. Der Kommandeur war nicht ganz unschuldig daran, denn er hatte ihr überraschend erlaubt, sein Privatpferd zu reiten. Die «Truppe» stand kopf. Noch nie war eine Bereiterin aus einer anderen Schwadron damit ausgezeichnet worden! Aber der Major liebte es nun einmal, hin und wieder die Mädchen gegeneinander auszuspielen, um ihren Ehrgeiz dadurch noch mehr anzustacheln.

Adeline war der Traum einer Schimmelstute und von so vornehmer Abstammung, daß ihr nicht zugemutet werden konnte, zwischen gewöhnlichen Pferden zu grasen. Sie hatte deshalb hinter dem Kasernengelände eine Koppel für sich allein. Der Gefreite, der für sie verantwortlich war, putzte den halben Vormittag an ihr herum, schmierte die Hufe mit schwarzem Stiefelfett ein und flocht ihr lauter kleine Zöpfchen, damit sich Mähne und Schweif schön wellten. «Nächstens nimmt er noch 'ne Brennschere», sagte Blacky Boy, der Adeline selbst gern einmal geritten hätte. Und dieses wundervolle Tier durfte Lisel bewegen und sogar im Gelände reiten!

Vatl Prange paßte das nicht. «Das gibt nur wieder

Streitereien. Möcht wissen, was die Mädchen an diesem überzüchteten Gaul finden.»

«Wahrscheinlich mehr an dem Major», meinte der Unteroffizier. Der Spieß warf ihm einen schrägen Blick zu. Aber er sagte nichts.

Lisel wurde täglich größenwahnsinniger und erzählte jedem, daß der Einzelunterricht beim Major sie jetzt ohne weiteres dazu befähige, sich auf einem Turnier für die S-Dressur zu melden. «Selig sind die geistig Armen», sagte Bussi.

Leider machte Lisel den Fehler, Adelines Betreuer von oben herab zu behandeln und ihm auch noch zu unterstellen, er habe Adeline falsch beschlagen lassen. Als geübter Untergebener hatte der Gefreite längst den Bogen raus, sich den Major in die Hand zu arbeiten und ihm, wenn nötig, jemand anders gründlich zu vermiesen. So hatte der dann auch plötzlich eine Menge an Lisels Reitkünsten auszusetzen: ihre Hand war nicht leicht, ihr Sitz nicht geschmeidig genug. Und dann, bitteschön, wünsche er eine Erklärung, woher die Druckstelle an Adelines Widerrist komme. Der sorgsamen Lisel, die nicht ahnte, daß ihr der Gefreite heimlich ein Steinchen unter den Sattel geschoben hatte, war das selbst ganz unbegreiflich. Während sie sich bemühte, in der Reitbahn den Kommandos des Majors zu folgen, brach sie in heftiges Schluchzen aus. «Kopf hoch, Absatz tief», rief er ungerührt.

Am nächsten Tag kam Lisel zur gewohnten Stunde in den Stall, um Adeline zu satteln. Doch der Gefreite schüttelte mit scheinheiligem Bedauern den Kopf. «Die reitet jetzt ein anderes Fräulein.» Im gleichen Augenblick kam Bussi singend die Stallgasse entlang: «Mein Herz hat heut Premiere.» Sie wurde von dem Gefreiten mit großer Höflichkeit und von der treulosen Adeline mit freundlichem Wiehern begrüßt. Um Lisels Fassung war es geschehen. «Das zahl ich dir heim», zischte sie Bussi an und verließ den Stall.

«Jotte doch, ick denk, mir fällt der Mond uff 'n Dutt!» Bussi sah den Gefreiten mit gespielter Erschrockenheit an.

Lisel meldete sich krank, und als sie wieder zum Dienst erschien, ging sie Bussi aus dem Wege.

Presse und Funk kamen zu uns. Seitdem bei der Reit- und Fahrschule junge Mädchen Dienst taten, war sie auch für die Propaganda interessant geworden. Zuerst hatte die Zeitung «Front und Heimat» über uns Bereiterinnen berichtet. Der Reporter hatte sich dabei vor allem Bussi an die Fersen geheftet. Ich brachte ein Exemplar ins Schloß mit. «Halt dir einen Spiegel vors Gesicht, bist du's oder bist du's nicht», sagte ich und las vor: «Sie wirkt fast zu grazil in der Reithose und der grauen Jacke mit dem Hoheitsabzeichen des Reiches. Unter dem keck auf das linke Ohr geschobenen Schiffchen quellen eigenwillig die langen blonden Locken hervor...» Ich grinste Viktoria an: «Was Wasserstoffsuperoxyd nicht alles fertigbringt.» Bussi riß mir die Zeitung begierig aus der Hand.

Wenig später zog der Rundfunk nach. Mit langen Kabeln, in die sich mein tolpatschiger Pharisäer sofort verwickelte, erschienen sie in der Reitbahn. Damit die Hörer auch wirklich mitbekamen, worüber da berichtet wurde, brüllte Vatl Prange: «Zügel lang, Pferde loben!» Und wir klatschten die Tiere mit einem «Brav, brav» derart kräftig auf den Hals, daß sie sich ganz erschrocken nach uns umdrehten. Dann zwitscherte Lisel ihren vorher dreimal geprobten Satz ins Mikrophon, was für eine schöne Aufgabe es sei, diesen kriegswichtigen Auftrag zu erfüllen.

Sogar die Wochenschau kam angerückt und wirbelte den Dienstbetrieb durcheinander. Sie wollten zünftige Stürze sehen und hockten sich beim Drehen in die Hindernisse, damit deren Höhe imposanter wirkte. Es gab Verstimmungen unter den Männern, die auch gern vor der Kamera paradiert hätten, und auch ich stand muffig im Stall herum, weil ich nicht zum Mitmachen aufgefordert worden war. Der Spieß war für mich gekränkt. «Natürlich reiten Sie mit, wenn's ins Gelände geht, wär ja noch schöner.» Sinnend musterte er die zurückgebliebenen Stammpferde. «Nehmen Sie den Ural. Auf dem sind die Lehrgänge schon den ganzen Vormittag rumgeschaukelt, der ist jetzt abgetrabt genug, und springen tut er wie 'ne Eins.» Er half mir beim Satteln, und ich schloß mich der Mädchenkavalkade an, die gerade aus dem Hof ritt.

Der General hatte sich zur Besichtigung angesagt, aber die Aufregung darüber ging unter in der Nachricht, daß am 20. Juli auf Hitler ein Attentat verübt worden war. In den Schwadronen wurde der Umgangston wieder förmlicher. Aus den Wehrmachtsberichten übernahm man die Vokabeln «planmäßige Absetzbewegung» und «Frontbegradigung», wenn man über den Krieg im Osten sprach. Jedoch nach Möglichkeit vermied man solche Gespräche und unterhielt sich lieber über Unverfängliches wie etwa, daß Bussi immer noch den Schimmel reiten durfte. Fast hatte es nämlich so ausgesehen, als ob auch für sie der Spaß vorbei sei, denn der Major hatte sie lautstark verwarnt, weil sie die Fahne nicht gegrüßt hatte, als die Organisation Todt einen Fackelzug durch die Stadt machte. Aber die «Truppe» – und natürlich Lisel – wurde enttäuscht. «Hätt ihr so passen können, der neidischen Kuh», sagte Viktoria.

Dabei war Lisel eher umgänglicher geworden. Sie hatte nur noch ihren HJ-Führer im Kopf und langweilte die Schwadron mit seinen Spruchbandweisheiten. In der Stadt trug man wieder nationalsozialistische Gesinnung. Jedenfalls zierten plötzlich auffallend viele Parteiabzeichen Jacken und Kleider und oft bei Leuten, bei denen man es kaum vermutet hätte.

«Jetzt kenn ich mich überhaupt nicht mehr aus», stöhnte Bussi und löffelte genüßlich die Portion Milchreis, auf die wir uns schon den ganzen Vormittag gefreut hatten. Die Serviererin kam strahlend an unseren Tisch: Ihr verwundeter Sohn war noch als einer der letzten aus einem Kessel im Osten herausgeflogen worden. Wir freuten uns für sie, und auch Lisel, die vom Nachbartisch das Gespräch mit angehört hatte, rief: «Gratuliere!»

«Besser 'nen Vetter bei der Luftwaffe als 'nen Vater

im Himmel», zitierte Bussi einen Landserspruch, der zur Zeit die Runde machte.

Das Gesicht der Serviererin, einer strengen Katholikin, verschloß sich. «Was meinen Sie damit?»

«Daß er Schwein gehabt hat. Oder wäre Ihnen stolze Trauer und der Führer am Grabmal lieber gewesen?»

Viktoria gab Bussi einen kräftigen Tritt ans Schienbein, und sie verstummte. «Mit dir macht man schon was mit», seufzte Viktoria, als wir hinausgingen. «Wenn dem Esel zu wohl ist . . .»

Mutters Briefe wurden immer verklausulierter, so daß ich überhaupt nichts mehr begriff. «Unser Nachbar, der mit der alten Mutter, hat eine weite Reise gemacht, es geht ihm nicht sehr gut», las ich. Damit konnte sie nur Onkel Hans meinen. Aber was für eine Reise?

«Wahrscheinlich haben sie ihn abgeholt», meinte Viktoria.

Um so deutlicher und häufiger erwähnte Mutter dafür ein bislang gering geachtetes Mitglied der großen Familie, einen angeheirateten, hohen Parteigenossen, auf den der Führer ja so große Stücke halte.

Gelegentlich warf uns der Krieg gnädig Brüder, Vettern, Freunde und Verehrer vor die Füße, die auf dem Weg von einer Front zur anderen einen kurzen Abstecher zu uns machten. Wir teilten sie redlich mit unseren Freundinnen, tranken sauren Rotwein mit ihnen und gingen im Park spazieren. Auch Bussis Moritz meldete sich, er wollte sich mit ihr in Breslau treffen. «Ihr fahrt ja Sonnabend sowieso», sagte Bussi und faltete den Feldpostbrief zusammen. «Da könnt ihr ihn euch mal ankucken.»

Der Anlaß für unsere Fahrt war traurig. Wir hatten erfahren, daß Irene als Schwester in einem Soldatenheim Kinderlähmung bekommen hatte und nun zur Nachbehandlung in einem Vorort von Breslau im Hilfslazarett lag.

«Kinderlähmung», sagte Viktoria ganz blaß, und das Wort flößte uns mehr Entsetzen ein, als wenn wir gehört hätten, daß Irene durch einen Bombensplitter schwer verletzt sei. Wir waren mit Krankheiten noch wenig vertraut. Alte Menschen hatten es im Kreuz, am Herzen oder an den Nieren und junge auch mal an der Lunge. Aber Kinderlähmung, das war ja fast so unheimlich wie ein Kreuzotterbiß beim Sonntagsspaziergang.

Ich wollte mir für die Fahrt ein schickes Sommerkleid anziehen mit Puffärmeln und angekraustem Rock, für das Mutter ihre ganzen Marken geopfert hatte. Aber Viktoria winkte ab. «Wir fahren in Uniform.»

«Bei der Hitze?» rief ich.

«Sei doch nicht so begriffsstutzig», sagte Viktoria. «Willst du Irene mit deinem Aufzug noch unglücklicher machen?»

Die Uniformjacken klebten, als wir bei 30 Grad im Schatten in Breslau ankamen und uns auf den Weg zum Lazarett machten. Die Wellblechbaracke, in der Irene lag, war fast noch heißer, und in Irenes Zimmer knallte die Sonne aufs Fenster. Sie freute sich sehr, uns zu sehen, aber wir merkten, daß sie eigentlich ganz jemand anders erwartet hatte. Sie gab sich optimistisch und zeigte uns, daß sie die Beine schon wieder etwas bewegen konnte. Sie war ganz abgemagert und hatte ein fremdes, spitzes Gesicht bekommen. Um sie und uns auf heiterere Gedanken zu bringen, sprachen wir von früher, doch das interessierte sie nicht. Sie redete von ihrer Krankheit, von den Ärzten und Schwestern, von ihrer Zeit im Genesungsheim und immer wieder von einem Hauptmann. «Er hat fest versprochen, mich an diesem Wochenende zu besuchen», sagte sie, und der Schweiß lief ihr an den Schläfen hinunter.

Auf ihrem Nachttisch stand ein großes Glas Apfelsaft. Bei seinem Anblick wurde unser Durst übermächtig. Apfelsaft hatten wir seit einer Ewigkeit nicht mehr gehabt! «Trinkt ihn nur», sagte Irene und stopfte sich mühsam das Kissen fester in den Rücken. «Ich hab keinen Durst.» Ich ergriff das Glas.

Irene horchte auf jeden Schritt, und allmählich versiegte das Gespräch. Wir standen zögernd auf und verabschiedeten uns. «Aber wiederkommen!» rief Irene plötzlich ganz wild. Wir stolperten verstört aus dem Zimmer und den Gang entlang, vorbei an zwei Beinamputierten, die sich auf Brettchen mit Rollen vorwärtsbewegten.

Während wir auf die Straßenbahn warteten, sagte Viktoria mit weinerlicher Stimme: «Wie konnten wir nur.» Ich wußte, sie meinte den Apfelsaft, und auch mir kamen die Tränen. Die Frau neben uns sah teilnehmend in unsere bekümmerten Gesichter. «Wohl auch zu Haus gerade ausgebombt», sagte sie.

Wir fuhren in die Stadt zurück, wo wir uns mit Bussi

und Moritz vor einem Kino treffen wollten. Als wir aus der Straßenbahn stiegen, kamen sie gerade angeschlendert. Moritz, ein hohlwangiges, zappeliges Kerlchen, begrüßte uns mit Handkuß und großem Tamtam und marschierte an der wartenden Schlange vorbei gleich zur Kasse. Die guten Plätze waren bereits ausverkauft, aber als die Kassiererin das Ritterkreuz blitzen sah, zauberte sie noch vier Logenplätze hervor. Die Schlange nahm die Bevorzugung wohlwollend hin.

Nach dem «Majoratsherrn» mit Willy Birgel gingen wir noch in ein Kaffee, in dem es sogar einen Geiger und einen Klavierspieler gab. Moritz kasperte herum, schäkerte mit der Kellnerin, nannte uns «Schönste» und «Gnädigste» und war unerträglich albern. Den rechten Arm um Bussi gelegt, streichelte er mit der freien Hand mein Knie, und mit den Stiefelspitzen strich er an Viktorias Bein entlang. Viktoria und ich sahen uns an und wußten nicht, wie wir uns verhalten sollten. Als er uns für einen Augenblick verließ, summte Viktoria leise vor sich hin: «Ich brech die Herzen der stolzesten Frau'n, weil ich so stürmisch und so leidenschaftlich bin . . .» Bussi, die ihrem Moritz eben noch selbst tüchtig über den Mund gefahren war, reagierte tief gekränkt. «Was verstehst du schon von Männern, und außerdem, flieg du mal mit 'nem Panzer in die Luft!»

«Irgendwie ist er ja auch wirklich nett», versuchte ich ungeschickt zu vermitteln.

«Ja», sagte Bussi trotzig, «und wir haben uns vorgenommen, so schnell wie möglich zu heiraten, ob es euch paßt oder nicht.»

Ich stand auf. «Viktoria, wir müssen gehen», mahnte ich. «Unser Zug!»

«Salem Aleikum», rief Moritz uns nach, der inzwischen wieder aufgetaucht war.

Die Straßen, durch die wir in der Sommerhitze trotteten, waren wie ausgestorben. Um so mehr Betrieb herrschte auf dem Bahnhof – Urlauber, Ostarbeiter, Evakuierte und Kinder über Kinder, verstörte Küken in rutschigen Kniestrümpfen, die Rücken gebeugt von viel zu schweren Rucksäcken. Sie warteten auf den Weitertransport ins KLV-Lager. Angepustet vom zischenden Dampf der Lokomotiven, löschten sie ihren Durst an dem kleinen Brunnen auf dem Bahnsteig und saßen erschöpft auf den Bänken herum. Ab und zu wurden sie zur Ablenkung von ihren Betreuerinnen zum Singen ermuntert. «Der Spielmann, der Spielmann ist immer noch nicht da», klang es dünn durch die Bahnhofshalle. Eine Frau ging an uns vorbei zu einer der Bänke, keifte: «Ein deutscher Junge wird ja wohl noch stehen können», und ließ sich auf den frei gewordenen Platz fallen. Wir sahen ihr zu, wie sie ihren Pappkoffer öffnete. Sie holte einen großen Porzellanmops mit Goldrand um Pfoten und Kopf hervor und betrachtete ihn liebevoll. «Den hab ich noch in den Trümmern gefunden.»

Viktoria faßte mich plötzlich am Arm und zog mich zur Seite. Ich sah sie erstaunt an. «Was ist denn? So scheußlich ist der Mops ja nun auch wieder nicht.»

Viktoria ging nicht auf meinen Witz ein. Sie umklammerte meinen Arm wie jemand, der panische Angst hat. «Es wird alles noch viel furchtbarer werden, du wirst sehen. Und der arme Rabanus ist auch tot.»

«Aber bis jetzt ist er doch nur vermißt», versuchte ich sie zu trösten und hatte gleich wieder die Geisterstimme des Störsenders im Ohr: «Stalingrad – Massengrab.» So aufgelöst hatte ich meine Freundin noch nie erlebt. Vielleicht ein Hitzschlag? «Nun setz dich erst mal und zieh die Jacke aus. Irene ist dir an die Nieren gegangen und dazu noch dieser unglückselige Moritz. Man muß nicht immer gleich das Schlimmste fürchten. Denk doch an die Wunderwaffe. Vielleicht gibt's die ja wirklich.»

Darüber brach Viktoria in hysterisches Gelächter aus.

«Was ist denn nun schon wieder?» Ihr Lachen steckte mich an. Prustend und kichernd wie Backfische bestiegen wir unseren Zug, der gerade eingefahren war. «He kümmet aber noch, he kümmet aber noch», klang es uns nach.

In unserem friedlichen Garnisonsstädtchen ging alles seinen gewohnten Gang. «Laß uns nach den Pferden sehen», sagte Viktoria. Sie begrüßten uns mit leisem Wiehern und schnupperten erwartungsvoll an unseren Taschen. Auch Adeline statteten wir einen Besuch ab. Der Gefreite hatte sie auf die Koppel gelassen, wo jetzt gegen Abend eine angenehme Brise Kühlung brachte. Sie schnappte spielerisch nach unseren Händen, als wir sie kraulen wollten. Wir setzten uns auf den Zaun und sahen ihr zu, wie sie über die Koppel trabte. Sie bewegte sich, wie wir fanden, viel anmutiger als die mageren Elevinnen der Medau-Schule, die im Schloßpark eine Vorstellung gegeben hatten und mit hingebungsvollen Gesichtern barfuß auf dem Rasen herumgehüpft waren

– «Ich bin ein Baum und wiege mich im Winde.» Von der untergehenden Sonne rosa angepinselt, sah Adeline aus wie ein Pferd aus Tausendundeine Nacht. In der Abendstille hörte man Eimerklappern aus den Ställen und ab und zu einen Zuruf der Pferdepfleger. Wir waren wieder zu Hause.

Der «Totale Krieg» machte sich mehr und mehr bemerkbar. Wir hatten jetzt täglich sieben bis acht Pferde zu arbeiten, denn ein Wachtmeister nach dem anderen wurde an die Front abkommandiert, und auch an den Wochenenden war Dienst angesetzt. Unsere Remonten hatten wir abgeben müssen. Sie wurden von uns zu einem 30 Kilometer entfernten Sammelplatz geritten. Einige Mädchen heulten, weil ihnen der Abschied von ihren Tieren so schwerfiel, und Bussi steckte ihrer Lieblingsremonte sogar einen Brief ans Halfter, in dem sie ihren neuen Reiter bat, sanft mit ihr umzugehen. Als Blacky Boy meinte, die würden sowieso alle Büchsenfleisch, gingen wir mit den Reitgerten auf ihn los.

Neue Pferde kamen und wurden von uns auf dem Güterbahnhof in Empfang genommen. Die mühsame Arbeit begann von vorn: Führen in der Bahn, Reiten ohne Sattel, Springen an der Hand. Stürze waren an der Tagesordnung, und abends zeigten wir uns gegenseitig unsere blauen Flecken. An den Stehtagen mußten wir außerdem mit den «Maulwürfen» vom Unternehmen Barthold Ostwall schippen. Wir waren von all diesen Strapazen so mitgenommen, daß wir in unserer Freizeit nur noch auf den Betten lagen. Wir konnten uns nicht einmal mehr aufraffen, abends ins Kino zu gehen, bis dahin eine unserer Lieblingsbeschäftigungen. Wir reagierten daher auch eher unlustig auf Bussis Vorschlag, den kleinen Zirkus zu besuchen, der seine Zelte vor der Stadt aufgeschlagen hatte. «Is doch vielleicht janz lustich», meinte Bussi, «und lenkt uns 'n bißchen ab.»

Als wir das armselige Zelt betraten, bereuten wir unseren Entschluß schon wieder. Das Wetter war bereits herbstlich kühl, und ein feuchter Wind fuhr uns um die Beine. In der abgestandenen Luft des Zeltes froren wir noch mehr. Dem «König der Wüste» schien es wie uns zu gehen. Er rollte sich in den Sägespänen zusammen und war nur mit vielem Peitschenknallen zu bewegen, auf ein Podest zu springen. Viktoria gähnte. «Sarrasani ist das gerade nicht.»

«Sei doch mal stille», sagte Bussi, «man versteht ja nischt!»

Der Zirkusdirektor war in die Manege getreten und hob die Hand. «Zwanzig Märker bar auf die Hand für den, der sich über das Seil tragen läßt! Meine Herrschaften . . .»

Wir waren erstaunt, daß Bussi sich meldete. «Bist du verrückt?» Aber sie war schon aufgestanden und zwängte sich an den Wachtmeistern vorbei, die sie begeistert anfeuerten: «Bravo, Mädchen, zeig's ihnen!»

Ohne Zögern kletterte sie die Strickleiter hinauf. Der Artist folgte ihr und nahm sie huckepack. Von Trommelwirbeln begleitet, begab er sich mit ihr auf den Weg. In der Mitte des Seils kam er ins Stolpern. Ich kniff die

Augen zu. «Nur ein Trick, damit die Spannung größer wird», beruhigte mich Viktoria. Aber wir waren beide erleichtert, als Bussi wieder auf festem Boden stand.

Vor dem Zelt scharten sich die Männer um sie und klopften ihr anerkennend auf die Schulter. «Aber die Jacke hätten Sie vorher ausziehen müssen», tadelte Vatl Prange. «Mit der Uniform repräsentieren Sie schließlich die Reit- und Fahrschule.»

Zwei kräftige junge Männer drängten sich zu ihr vor. «Sie sind wohl auch vom Zirkus?» fragte Bussi und warf lachend ihr Haar zurück. Das waren die Herren nicht. Sie zückten ihre Ausweise.

«Geheime Staatspolizei!»

Im Nu hatte sich um Bussi ein freier Raum gebildet. Auch ich verdrückte mich hinter einen Planwagen und beobachtete fassungslos, wie man sie in ein Auto bugsierte.

Viktoria und ich radelten zum Schloß zurück. Wir hatten beide das gleiche Bedürfnis: ins Bett, den einzigen Ort, an dem man sich noch geborgen fühlte, und nichts mehr sehen und hören! Aber dann hatten wir gleich die Ermahnung unserer Väter im Ohr: «Reißt euch zusammen!» Der Major mußte sofort informiert werden, und wir radelten in die Kaserne. Vatl Prange war uns jedoch längst zuvorgekommen. Als wir erfuhren, daß der Major bereits zum Oberkommando gefahren war, beruhigte uns das ein wenig.

Tatsächlich war Bussi am nächsten Morgen wieder bei uns. Sie sah aus, als hätte sie mehrere Tage auf der Bahn verbracht, und wirkte verstört. Die ersten Stunden war sie auf der Kreisleitung festgehalten worden. Der Kreisleiter hatte sie hysterisch beschimpft und versucht, ihr mit theatralischer Gebärde das Hoheitsabzeichen von der Jacke zu reißen. Als ihm das mißlang, schnitt er es mit einem Taschenmesser heraus. In der Nacht war sie dann von der Gestapo verhört worden. Zuerst dachte Bussi in ihrer Naivität: Die sind ja gar nicht so schlimm, wie man immer hört, denn der Beamte war sehr höflich und liebenswürdig und meinte, die auf der Kreisleitung seien wohl in ihrem Fall etwas übereifrig gewesen. Aber dann faßte er immer schärfer zu und quetschte sie erbarmungslos aus. «Über euch, über den Major, über die Stimmung bei den Soldaten.»

«Und was hat man dir vorgeworfen?»

«Wehrzersetzung. Darauf steht die Todesstrafe, hat er gesagt.»

Wir schwiegen.

«Wer hat mich denn eigentlich da wieder rausgeholt?» fragte Bussi.

«Der General angeblich», sagte Viktoria. «Er soll sich hinter den Gauleiter gesteckt haben. Es sei dem Ansehen der traditionsreichen Schule abträglich, wenn sich der Fall in der Stadt herumspräche.»

«Ja, wenn wir den Major nicht hätten», sagte ich.

Aber den hatten wir nicht mehr. Er wurde von einem Tag zum anderen versetzt.

Als Bussi sich von dem Schrecken erholt hatte und wieder zum Dienst erschien, begrüßte man sie in der Schwadron mit verlegener Zurückhaltung. Blacky Boy musterte verstohlen die plötzlich so schweigsam gewordene Bussi. «Der hat man ja schnell das Steigen abgewöhnt», bemerkte er halblaut.

«Ob du von einem Wachtmeister denunziert worden bist?» fragte ich leise, während wir nach dem Spieß suchten.

Vatl Pranges Stimmung war miserabel. Er begrüßte seinen Liebling nur mit einem kurzen: «Nu, wieder daheeme?» und schimpfte weiter im Stall herum.

Nach Dienstschluß fanden wir uns wie üblich mit den Wachtmeistern und Unteroffizieren zu einem kleinen Schwatz vor dem Stall zusammen. Lisel kam über den Hof. Sie wollte sich gerade zu uns gesellen, da sagte jemand halblaut: «Achtung, Feind hört mit!»

Das Gespräch verstummte. Alle Augen richteten sich auf sie. Lisel verfärbte sich. Ihr Schritt stockte. Die Hand mit der Zigarettenschachtel, die sie dem Spieß hinhielt, zuckte zurück. «Das hab ich nicht gewollt, glaubt mir doch!»

Genießerisch schloß sich die Gruppe zur Verdammung zusammen. Vatl Prange sah sie fast mitleidig an. «An Ihrer Stelle, Kindel, würde ich mich versetzen lassen.» Er sah ihr kopfschüttelnd nach, als sie davonschlich. «Und alles wegen so 'nem tumben Viech.» Er seufzte tief. «Und was das allerscheenste is, der Iwan schnüffelt schon in Ostpreußen rum.» Erschrocken über sich selbst fügte er hinzu: «Die Lust am deutschen Boden wird ihm schnell wieder vergehen.»

Am nächsten Tag sollten Bussi und ich mit einem Gespann Frachtgut von der Bahn abholen. Wir waren gerade dabei, die Stränge zu befestigen, als wir ein merkwürdiges Brummen hörten. «Das wird doch wohl kein feindlicher Aufklärer sein?» Bussi schirmte ihre Augen mit der Hand ab und sah nach oben. Etwas Blitzendes schwebte herunter, wurde schneller und schneller und schlug, ehe wir in Deckung gehen konnten, hinter der Kaserne ein. Die Pferde waren kaum zu halten. «Los, los, zurück in den Stall!» rief Bussi.

Aber es blieb bei der einen Bombe. Sie war in Adelines Koppel gefallen und hatte den Schimmel in einem Hagel von Eisen und Dreck unter sich begraben.

Am Nachmittag begegneten wir auf dem Kasernenhof einem uns unbekannten hohen Offizier. Er hielt uns an. «Immer schön Heil Hitler grüßen, meine Damen.»

Wir rissen beflissen den rechten Arm empor, und er ging weiter.

«Der neue Kommandeur», sagte Viktoria.

17

Russische Truppen standen kurz vor dem Einmarsch nach Oberschlesien. Aber in der Schwadron drehte sich alles um Vatl Pranges «verpuchten» Backenzahn und um das Musikreiten am zweiten Weihnachtstag. Wir schleppten Wagenladungen von Tannenzweigen heran, schmückten damit die Tribüne der Stabsbahn für die Ehrengäste und stritten uns, wer bei der Quadrille mitmachen dürfe.

Im Spätherbst war Breslau bombardiert worden. Bis dahin war der «Luftschutzkeller des Reiches» von solchen Schrecken verschont geblieben, was man, wie behauptet wurde, vor allem der heiligen Hedwig verdankte. Die Hände schützend ausgebreitet, sei sie über der schlesischen Hauptstadt gekreist und habe die feindlichen Flugzeuge zur Umkehr gezwungen. Während des Mittagessens unterhielt sich die Schlachtersfrau mit einem älteren Stammgast ausgiebig über dieses Phänomen und auch darüber, wieso diese Wunderkraft der Heiligen nun versagt hatte.

«Vielleicht war sie gerade zum himmlischen Rapport **bestellt**», flüsterte mir Bussi mit verstohlenem Seitenblick zu.

Wochenlang hatte die Zivilbevölkerung zusammen mit der Organisation Todt Schützen- und Panzergräben ausheben müssen. Sogar der Schloßpark war von der Buddelei nicht verschont geblieben. In diese Gräben, das war sonnenklar, würden dann die Russen wie die Rüsselkäfer hineinpurzeln und brauchten nur noch eingesammelt zu werden.

Im November kam Mutter überraschend angereist. «Ich nehm dich mit nach Haus, Kind.»

«Wie stellst du dir das vor?» rief ich.

Aber sie hatte sich fest vorgenommen, ein ernstes Wort mit dem Kommandeur zu reden. Zu meiner Erleichterung war der gerade nach Berlin gefahren, und es war unbestimmt, wann er wieder zurück sein würde. Dafür ließ Mutter es sich nicht nehmen, mich am Nachmittag zum Dienst zu begleiten. Sie war gleich dicke Tunke mit Vatl Prange – «Wir Schlesier müssen zusammenhalten!» –, der, wie sich herausstellte, aus der Nähe ihres Heimatdorfes stammte. Ja, Vatl Prange verstand ein Mutterherz, das war gleich zu merken. Der Spieß strich sich bei Mutters Tiraden geschmeichelt über die Glatze und gab mir dienstfrei.

Nachdem sie meine Wäsche durchgesehen – «Knöpfeannähen hältst du wohl für eine Zeitverschwendung?» – und unsere Fenster abgedichtet hatte – «Das zieht ja bei euch wie Hechtsuppe!» –, fuhr sie wieder ab, fest entschlossen, mich doch noch auf irgendeine Art loszueisen. «Eine ernste Erkrankung in der Familie vielleicht», grübelte sie auf dem Weg zum Bahnhof. «Na, mir wird schon was einfallen. Wundere dich jedenfalls nicht, wenn du ein Telegramm von mir bekommst. Geh damit zum Kommandeur, und sieh zu, daß er dich fahren läßt.»

«Du willst doch wohl nicht pro forma jemand zur großen Armee abberufen lassen?» sagte ich.

«Eine glänzende Idee», sagte Mutter.

Tatsächlich traf zehn Tage später eine Nachricht vom Hinscheiden eines angeblichen nahen Verwandten ein. Ich schämte mich und warf das Telegramm in den Papierkorb.

So verlebte ich Weihnachten zum erstenmal nicht zu Haus. Viktoria und ich holten uns ein Bäumchen aus dem Wald, und beim Schmücken führte ich vor, wie Vater immer das Lametta bündelweise in die Zweige zu schmeißen pflegte. Viktoria fiel wieder der Heilige Abend ein, an dem ihr jüngster Bruder eine Feuerwehr, gezogen von vier Holzpferdchen, bekommen hatte. «Tatü, tata, die Feuerwehr ist da! Es brennt! Es brennt!» – so war er dauernd den Flur hin- und hergefahren, bis die Mutter sagte: «Es riecht tatsächlich etwas brenzlig.»

«Und als sie ins Kinderzimmer kam, stand das bereits in hellen Flammen», erzählte Viktoria.

«Letztesmal waren es nur die Gardinen», sagte ich.

Bussi war finsterer Laune und meinte, wir sollten sie mit solchen Albernheiten verschonen, und überhaupt, dieser ganze Weihnachtsrummel . . . ! Sie hatte gerade erfahren, daß ihr Moritz in amerikanische Gefangenschaft geraten war. «Mensch, freu dich doch!» riefen wir. «Dir kann's aber auch keiner recht machen.»

Dann kamen die anderen Bereiterinnen aus den Nachbarzimmern, sogar die Österreicherinnen mischten sich unter das Preußenvolk. «Was für ein herziges Tannerl», lobten sie und wärmten sich den Rücken an unserem Kachelofen. Wir hatten ihn ordentlich eingeheizt, so daß seine Kacheln zischten, wenn man sie mit Spucke antippte.

Draußen war es friedlich und still. Der Krieg hatte sich schlafen gelegt. Die Eisblumen wuchsen am Fenster, aus der Küche roch es nach den Karpfen, die Bussi dem Fischmeister abgeschmeichelt hatte, und im Radio sangen die Regensburger Domspatzen «In dulci jubilo». Wir tranken roten Sekt, fütterten unsere zahme Maus mit Pfefferkuchen, blödelten herum und waren glücklich.

Am Neujahrstag mußten wir in die Kaserne, um der Rede unseres Führers zu lauschen. «Deutsches Volk, Nationalsozialisten, Nationalsozialistinnen, meine Volksgenossen ...» Danach hielt der Kommandeur eine Ansprache, und wir erfuhren, wie umsichtig unser oberster Kriegsherr das mächtige Schiff des Großdeutschen Reiches bisher durch alle gefährlichen Klippen gesteuert habe und daß die uneinnehmbare Festung Deutschland ein Bollwerk gegen den Bolschewismus sei. Dann ordnete er an, die jungen Pferde so schnell wie möglich einzufahren.

Die Stadt füllte sich mit den ersten Flüchtlingstrecks und einzelnen Truppenteilen. Bei unserem Anblick faßten sich die Soldaten an den Kopf. «Ihr Mädchen seid noch hier? Wollt ihr vielleicht das Empfangskomitee für den Iwan bilden?»

Das fuhr uns in die Knochen. Unsere schüchternen Erkundigungen bei der Leitung der Reit- und Fahrschule stießen auf mißtrauisches Erstaunen. Zweifelten wir etwa an der Kampfkraft unserer Wehrmacht? Bald würden wir wieder Sieg auf Sieg an unsere Fahnen heften! Aber der Schwadronschef und Vatl Prange ließen durchblicken, daß wir gut daran täten, unser «Gelumpe» zu packen, mit dem Befehl zum Abmarsch sei jederzeit zu rechnen.

Die russischen Kriegsgefangenen wurden abtransportiert, und wir bekamen Ungarn als Pferdepfleger, die noch nie etwas mit Pferden zu tun gehabt hatten. Der Zivilbevölkerung erlaubte man endlich, die Stadt zu verlassen. Für Frauen und Kinder sollte ein Zug bereitgestellt werden. Vierundzwanzig Stunden saßen sie auf dem Bahnsteig im eisigen Wind und warteten vergeblich. Die Läden verwandelten sich über Nacht in ein Schlaraffenland. «Ausgerechnet jetzt ist die Sparkasse geschlossen», jammerte Viktoria, der beim Anblick der vielen an Haken baumelnden Würste das Wasser im Munde zusammenlief. Die Schlachtersfrau lachte fast hysterisch: «Geld? Damit kann ich mir schon das Schlafzimmer tapezieren!»

Mutter hatte mir noch etwas Geld dagelassen, und wir besorgten uns, was man für die Flucht gebrauchen konnte: Speck, Brot, Butter, Schokolade und Schnaps. «Aber wohin damit?» fragte ich ratlos. Meine Satteltasche war schon vollgestopft.

«Wir nehmen die Behälter von unseren Gasmasken», entschied Bussi. «Da bleiben Zigaretten und Streichhölzer wenigstens trocken. Nach den Dingern fragt doch jetzt sowieso kein Mensch mehr.» Sie warf ihre Maske achtlos aufs Bett.

Am Abend gingen wir mit den Bereiterinnen der anderen Schwadronen ins Kino. Es gab «La Habanera».

«Du kannst es nicht wissen, wie der Schnee sich dreht», sang Zarah gerade, da riß der Film endgültig. «Feierabend, meine Damen», rief der Vorführer. Aus den Filmtropen kehrten wir in dichtes Schneetreiben zurück. «Seht mal, Millionen und Millionen gefrorener Engelstränen!» Wir konnten uns über Zarahs gefühlsseligen Dialog gar nicht beruhigen. «Seid verdammt!» sagte ein alter Mann, der eine mumienhafte Frau mühsam im Handwagen durch den Schnee zog.

Heftiges Geschützfeuer ließ uns in der Nacht kaum schlafen. Türen und Fenster bebten wie bei einem Bombenangriff.

Der Befehl zum Abmarsch der Reit- und Fahrschule kam am nächsten Tag kurz vor der Mittagspause. Um fünf sollten wir mit unserem Gepäck in der Kaserne sein.

Unsere Sachen waren schon gepackt. Gegen die Kälte hatten wir uns sogar vorsorglich Karnickelfelle auf unsere Wehrmachtsmäntel genäht. Bussi stolzierte damit vor dem Spiegel auf und ab. «Hat direkt was Generalstabsmäßiges, findet ihr nicht?»

Unsere Zimmer sahen wüst aus, das fiel sogar uns auf. «So ein Tohuwabohu können wir unmöglich hinterlassen», meinte Viktoria, und wir putzten, fegten und scheuerten, bis alles glänzte.

Dann gaben wir unserer zahmen Maus die Freiheit. Sie war über Weihnachten recht füllig geworden und begriff nicht, warum sie ihr gemütliches Kistengefängnis plötzlich verlassen sollte. Wir setzten sie vor ein großes Mauseloch neben der Tür. «Geh und such dir einen Mann oder eine Frau.»

Wir beluden unsere Räder mit dem Gepäck und radelten zur Kaserne. Die Häuser in den schmalen Gassen schienen sich noch enger als sonst aneinanderzuschmiegen, als fühlten sie schon die Einschläge der Granaten, die sie auseinanderreißen würden. Wir bahnten uns einen Weg durch die vielen Menschen, die überall in Gruppen beieinander standen und Rat hielten, ob sie fliehen oder bleiben sollten.

Auf dem Kasernenhof herrschte Aufbruchsstimmung. Vatl Prange fluchte im Stall herum. «Warum kommt ihr erst jetzt, ihr verdammten Lergen.»

«Daß Männer immer brüllen müssen», murrte Bussi.

Die Planwägen standen aufgereiht. Sie sollten Frauen und Kinder der Angestellten und Soldaten, außerdem das Gepäck, die Vorräte, Fahrräder und Sattelzeug aufnehmen.

«Jeder nimmt drei Pferde, und zwar der Reihe nach, wie sie stehen», befahl der Spieß.

Aber damit waren wir gar nicht einverstanden. Es gelang uns denn auch, sie ohne viel Aufsehen untereinander auszutauschen, so daß jeder seine eigenen Tiere bekam.

Ich beschloß, Tango und Tanne als Handpferde zu nehmen und Tank zu reiten. Der Wallach, der seinem Namen alle Ehre machte, war kräftig und ausdauernd und durch nichts zu erschüttern. Zum erstenmal mußten die Pferde auf Decke gesattelt werden. Die Woilachs waren so dick, daß die Sattelgurte kaum mehr passen wollten. Wir zogen die Trensen über die Stallhalfter und befestigten Futterbeutel und Satteltaschen. Dann halfen uns die Wachtmeister, die Pferde aneinanderzukoppeln.

Um uns vor der eisigen Kälte zu schützen, hatten wir Unterwäsche und Pullover doppelt und dreifach unter unsere Uniformen gezogen und Schals über unsere Käppis gebunden. Bei der Arbeit im Stall waren wir deshalb nach fünf Minuten wie aus dem Wasser gezogen und außerdem so schwerfällig, daß wir kaum aufsitzen konnten. Aber wir bekamen Zeit genug, um uns wieder abzukühlen. Fast eine Stunde standen wir abmarschbereit bei zwanzig Grad unter Null auf dem Kasernenhof, ehe sich die Kolonne in Bewegung setzte. Auf der spiegelglatten Straße kamen die unbeschlagenen Pferde sofort ins Rutschen. So saßen wir wieder ab und stapften neben ihnen her.

Der Weg führte uns durch die stockdunkle, menschenleer gewordene Stadt. «Die kleine Stadt will schlafen gehn, die Lichter löschen aus . . .» Ein Wachtmeister summte das Lied, mit dem der Großdeutsche Rundfunk allabendlich seine Sendung beendete.

Als wir am Schloß vorbeikamen, sahen wir zu unserer Überraschung in dem verlassenen Gebäude Lichter wie von Taschenlampen aufblitzen, auch in unserem Trakt. «Plünderer», sagte Viktoria, und mich beschlich ein Gefühl wie jemand, dem man bereits das Bett abzieht, obwohl er noch einmal hineinschlüpfen will.

Außerhalb der Stadt war der Schnee nicht mehr so festgetreten. Die Pferde beruhigten sich, wir konnten wieder aufsitzen. Unsere Schwadron vermied die mit Trecks verstopften Straßen und bewegte sich auf

Nebenwegen. Wir marschierten und ritten im Wechsel, Stunde um Stunde, bis unsere Hände und Füße Eisklumpen waren und die Müdigkeit uns gleichgültig gemacht hatte. Um Mitternacht hieß es dann endlich: «Anhalten! Weitersagen!»

Der Gedanke an eine warme Unterkunft ließ uns wieder munterer werden. Aber von Quartier war keine Rede. Wir blieben im Freien. Während uns ein eisiger Wind ins Gesicht blies, lockerten wir die Gurte und machten uns ans Tränken und Füttern. Die hungrigen Pferde waren kaum zu bändigen. Nur mit Mühe gelang es uns, ihnen die ungewohnten Futterbeutel umzuhängen, und wir schrammten uns an den vereisten Schnallen die Hände blutig. Das Wasser mußten wir von einem Gehöft in Eimern heranschleppen. Uns blieb gerade noch Zeit, im Stehen eine Tasse heißen Muckefuck hinunterzustürzen und dazu unsere gefrorenen Stullen zu kauen, da hieß es schon wieder: «Fertigmachen zum Aufsitzen!»

Als wir endlich in einem größeren Ort auf dem Marktplatz die Quartierzettel für die Pferde in Empfang nahmen, waren wir seit mehr als zwanzig Stunden unterwegs. Steif wie Pfefferkuchenmänner, kaum mehr fähig, einen Fuß vor den anderen zu setzen, irrten wir herum und suchten im Halbdunkeln unsere Ställe. Dann ging wieder das Füttern und Wasserschleppen los.

In dem Sammellager, in dem wir untergebracht waren, bekamen wir aus der Feldküche einen Schlag Nudelsuppe und ließen uns dann halb bewußtlos vor Erschöpfung ins Stroh fallen.

Um fünf Uhr morgens wurden wir mit der Schrekkensnachricht geweckt: «Beeilt euch, die Oderbrücke soll gesprengt werden!»

Die Österreicherinnen trieben sich gegenseitig an: «Geh ma, geh ma! G'schwind, g'schwind!» Viktorias Beine waren über Nacht unförmig angeschwollen und paßten kaum mehr in die Stiefel. Ich hatte, in weiser Voraussicht die Vorschrift mißachtend, meine Knobelbecher aus den ersten Tagen nicht abgegeben. Sie leisteten mir jetzt gute Dienste, denn sie waren wasserdicht und so groß, daß ich bequem zwei Paar Socken übereinanderziehen konnte. Unsere Gesichter waren vom Schneelicht verquollen, die Lippen aufgesprungen. Bussi besah sich ihre rote Nase und ihr wirres Haar im Handspiegel: «Mutta, ick kann ma nich helfen, ick find ma scheen.» Dann humpelten wir zu unseren Pferden. Der Spieß tröstete uns: «Wenn wir erst mal über die Oder sind, wird's besser, dann werden wir verladen.»

Weiter ging es durch flaches, offenes Land. «Saufad, die Gegend», bemerkte eine der Österreicherinnen zum zweitenmal. Aus unseren Augenschlitzen blinzelten wir sie giftig an. «Bei euch gibt's wohl nur Postkartenlandschaften!» Wir verloren die Futterbeutel, die Satteldecken rutschten, die Handpferde streiften sich die Trense ab, wir stolperten über die Pferde und die Pferde über uns. War man gerade abgesessen, wurde der Schnee wieder tiefer oder das Tempo der Kolonne schneller. Man schaffte es nicht mehr, sich in den Sattel zu ziehen, und taumelte mit einem klagenden: «Wartet! Wartet!» hinter den anderen her. Vatl Prange tat sein Bestes, uns zu helfen, aber schließlich war auch er am Ende seiner Kräfte. Er schrie uns an. Wir schrien zurück. Als ich nach meiner Satteltasche tastete, hatte ich nur noch den Henkel in der Hand. Das gab mir den Rest. Ich fing an zu heulen: «Wo bleibt denn dieser verdammte Fluß!»

Endlich sahen wir einen silbergrauen Streifen vor uns. Die Oder! Unsere Kolonne war jetzt wieder auf die Hauptstraße eingebogen. «Trecks rechts ran!» hieß es. Wir schämten uns, daß uns die Flüchtlinge Platz machen mußten. Viele besaßen nichts als einen Handwagen, auf den sie Alte und Kinder gepackt hatten. *«Bon voyage»*, riefen uns mehrere Franzosen zu. Es waren Kriegsgefangene, die offensichtlich die Treckwagen ihrer männerlosen deutschen Familien, bei denen sie gearbeitet hatten, führten.

Wir hatten die Brücke erreicht. An den Brückenpfeilern waren Pioniere damit beschäftigt, Sprengladungen anzubringen. Als wir über den Fluß ritten, sahen wir auf die riesigen dahintreibenden Eisschollen und hatten nur einen Gedanken: Geschafft! Über die Oder würden die Russen bestimmt nicht kommen. Doch sie hetzten uns weiter. Von einem Zugtransport sprach niemand mehr. Wir übernachteten in ehemaligen Arbeitsdienstbaracken, in Scheunen und Privatunterkünften, und je einfacher das Quartier, um so hilfsbereiter waren die Leute. Sie schleppten warmes Wasser herbei, damit wir uns endlich richtig waschen konnten, und räumten ihre Ehebetten.

In einem winzigen Haus, das mit Flüchtlingen schon

so überfüllt war, daß wir zu dritt in einem Bett schlafen mußten, stand ich nachts auf. Ich tastete mich den dunklen Flur entlang. Hier mußte das Klo sein. Ich machte Licht und blickte in das Gesicht eines toten, alten Mannes, der aufgebahrt in feierlicher Ruhe in seinem Sarg lag. Dem Tod war ich unterwegs schon in verschiedenster Gestalt begegnet. Am Straßenrand abgelegte, erfrorene Kinder hatte ich gesehen, zusammengeschossene Treckwagen und ihre schrecklich zugerichteten Insassen und einen aufgehängten Soldaten, jünger als ich, mit einem Plakat um den Hals: «Wer den Tod in Ehren fürchtet, stirbt ihn in Schande.» Doch dieser friedlich aussehende Opa machte mir Beine. Schreiend rannte ich ins Zimmer zurück.

Dann schienen die Russen eine Verschnaufpause auf ihrem Vormarsch einzulegen, und wir konnten ein paar Tage an einem Ort bleiben. Wir schliefen uns aus, wuschen unsere Wäsche, gingen sogar zum Friseur, und die Pferde wurden endlich beschlagen. Die Offiziere nahmen die Zügel ihrer Schwadronen gleich wieder fester in die Hand. Kopfschüttelnd musterten sie die abgemagerten, zerschundenen jungen Pferde. «Das wird nichts Rechtes wieder. Der Schmelz ist weg!» Wir Mädchen sahen uns an. Die Gesichter faltig vor Anstrengung, die Haut grau und rissig, die Lippen mit Schrunden bedeckt. Der Schmelz war weg!

Zu unserem Schrecken gab es einen Gasmaskenappell. Der Spieß konnte es kaum fassen. «Man mechte sprechen, es is nich meeglich. Ihr habt die Gasmasken weggeworfen?»

In einem Gasthaus lief das Radio. «Der Führer spricht», sagte der Wirt in unsere laute Unterhaltung und legte den Finger vorwurfsvoll an die Lippen. «Nach Hause, nach Hause, nach Hause gehn wir nicht, bis daß der Führer spricht», murmelte Bussi. Der Führer! Es war, als versuchte man einem Kind zu Ostern noch mit dem Weihnachtsmann zu drohen; aber aus lauter Gewohnheit schwiegen wir sofort.

Bei einer Marschpause waren Viktoria und ich in einem Schloß einquartiert. Zwar standen auch hier die Treckwagen auf dem Hof bereit, aber das schien den Besitzern, einem älteren Ehepaar, nichts von ihrer Ruhe zu nehmen. Sie statteten uns mit neuer Wäsche aus, sorgten dafür, daß wir uns im Badewasser ungestört stundenlang aalen konnten, und sprachen von Dingen, die uns fremd geworden waren. Am Tag vorher hatte ich meine Freundin noch angebrüllt, weil sie mein sorgsam gehütetes Stück Mouson-Seife achtlos auf dem nassen Waschlappen liegen ließ, und einer der Unteroffiziere, der mir einen Futterbeutel klauen wollte, war von mir ein dreckiger Ich-weiß-nicht-Was genannt worden; aber in dem großen Speisezimmer mit den Ahnenbildern an den Wänden und dem Meißner Porzellan verwandelte ich mich wieder in das wohlerzogene junge Mädchen, das ich vor Hunderten von Jahren einmal gewesen war. Ich hantierte zierlich mit Messer und Gabel, obwohl ich den gut abgehangenen Hasen am liebsten mit den Fingern zerrissen und mir in den Mund gestopft hätte, küßte der Hausfrau artig die Hand und versuchte meinen bellenden Husten zu unterdrücken, der mich seit Tagen plagte und die anderen nachts nicht schlafen ließ.

«Am besten, du quartierst dich im Kuhstall ein», meinte Viktoria. «Dung erzeugt ja Ammoniak, und das soll gut für die Lungen sein.»

«Wie fürsorglich», sagte ich mürrisch.

Dann bekam ich hohes Fieber. Nur mit Mühe hielt ich mich im Sattel, bis mir die Luft knapp wurde und man mir einen Platz auf einem Wagen einräumte. Schließlich hielt man es für ratsam, mich in ein Krankenhaus zu bringen. Es lag abseits von der Hauptstraße vor den Toren einer Kleinstadt und hielt, tief verschneit, in einem großen Park seinen Dornröschenschlaf. Viktoria und Bussi schleppten mich einen spiegelblank gebohnerten Flur entlang, und die Diakonissen, denen wir begegneten, sahen mißbilligend auf die Dreckspuren, die unsere Stiefel hinterließen. In der Aufnahme musterten uns zwei Schwestern voller Staunen und steckten flüsternd ihre Köpfe zusammen. Aber dann brachten sie mich in einen Krankensaal und gaben mir ein Bett.

Viktoria und Bussi sagten mir Lebewohl. Entsetzen packte mich. «Ihr könnt mich doch hier nicht allein zurücklassen?»

Sie zuckten hilflos die Achseln. «Was sollen wir machen?»

Ich dachte an die arme Irene und wie wir ihr den Apfelsaft weggetrunken hatten. Ich wollte niemand mehr sehen und zog mir die Bettdecke über den Kopf, bis sie gegangen waren.

Noch am selben Abend brachte mir die Stationsschwester bei, worauf es hier nun ankam. Mir wurde eingebimst, daß der Chefarzt unordentliche Nachttische haßte, zerknüllte Bettücher ihm ein besonderer Greuel seien und er Pantoffeln unterm Bett unhygienisch finde. «Aber ich hab doch gar keine», sagte ich schwächlich, «ich lauf doch nur auf Socken.»

«Schlimm genug!» Schwester Helga zupfte die Bettdecke gerade.

Ende März wurde ich aus dem Krankenhaus entlassen. In der Stadt verkündeten Lautsprecher die bevorstehende Evakuierung. «Sie wollen doch nicht etwa hierbleiben?» fragte ich Schwester Helga, die ich trotz ihrer Strenge in mein Herz geschlossen hatte. Die Schwester lächelte: «Der Herrgott wird's richten.»

Ich hatte nur das eine Ziel: so schnell wie möglich nach Haus. Schwester Helga hatte dafür gesorgt, daß mich ein Wehrmachtsauto mitnahm, aber das gab schon nach wenigen Kilometern seinen Geist auf, und ich marschierte zu Fuß weiter, die Augen, wie die anderen Flüchtlinge, ständig zum Himmel gerichtet. Ein Flieger auf Menschenjagd streunte in der Gegend herum. Als er das Gewimmel auf der Straße sah, zog er eine elegante Kurve und kam, fast die Alleebäume streifend, im Tiefflug auf uns zu. Diesmal trug der Tod ein Jungengesicht. Aneinander- und übereinandergequetscht hockten wir in den Einmannlöchern am Straßenrand und warteten, bis er seine Magazine leergeschossen hatte. Das kleine Mädchen neben mir weinte: «Ich hab mir in die Hosen gemacht, was wird jetzt bloß die Mama sagen!» Ein hochdekorierter Offizier stand auf und nahm es tröstend in die Arme: «Das ist schon ganz anderen Leuten passiert.»

In einem Dorf fand ich für die Nacht Unterkunft in einer Bäckerei. Nachdem man mich mit Erbsensuppe und Speck gestärkt hatte, half ich dem kriegsversehrten jungen Bäcker in der Backstube. Beim Abendbrot prüften mich Mutter und Sohn auf Herz und Nieren. Ich gab ausweichende Antworten, aber das schien ihnen nicht aufzufallen. Der junge Meister umspannte plötzlich meinen rechten Oberarm und nickte zufrieden.

«Scheinen ja ein ganz ordentliches Mädchen zu sein. Brauch unbedingt 'ne Frau fürn Laden und für mich. Im Dorf gibt's nichts Passendes. Wie wär's denn mit uns zweien? Bis zur Hochzeit wohnen Sie oben bei meiner Mutter, muß alles seinen Schick haben.» Er musterte mich noch einmal gründlich. Gleich würde er mir wie einem Pferd ins Maul schauen.

Den Geschmack von Torten, Hefestückchen und Brötchen auf der Zunge, sah ich ihn fast zärtlich an, als ich erklärte: «Ich bin verlobt.» Und mein Verlobter, den ich mir ausgedacht hatte, um den Bäcker nicht zu kränken und mich so vielleicht um den Reiseproviant zu bringen, stand mir plötzlich so deutlich vor Augen, daß ich mit den Tränen kämpfen mußte.

Die Mutter war voller Mitleid: «Er wird schon wiederkommen!»

Am Tag darauf nahmen mich Soldaten auf einem mit Munition beladenen Lkw mit. Auf der Hauptstraße blieben wir in einer Flüchtlingskolonne stecken. Tiefflieger erspähten uns. Verdutzt sah ich aus der Munitionskiste unter mir kleine Rauchwölkchen aufsteigen. Der Gefreite neben mir riß mich hoch: «Spring, sonst treffen wir uns auf einer Wolke wieder.» Die Flüchtlinge suchten Schutz hinter dünnem Gestrüpp und im Straßengraben. Der Fahrer des Lkw erfaßte die Situation mit einem Blick. Ohne zu zögern setzte er sein Leben ein, um unseres zu retten. Er manövrierte den brennenden Wagen auf einen Feldweg, und mit jedem Meter, den er schaffte, wuchsen unsere Chancen. Dann explodierte die Munition. Dem Gefreiten, der neben mir in Deckung lag, liefen die Tränen übers Gesicht. «Scheiße, verdammte! Den ganzen Rußlandfeldzug waren wir zusammen!»

Auf einem größeren Bahnhof gelang es mir, für den Rest der Strecke, einen Zug zu erwischen. Ich reiste mit leichtem Gepäck und war beweglicher als viele andere, die vergeblich die Waggons zu stürmen versuchten. In unserem Abteil saßen und standen zwölf Menschen. Alle halbe Stunde wechselten wir uns mit den Sitzplätzen ab. Endlich war ich an der Reihe. Aber vor meiner Nase quetschte sich ein älterer Mann auf die Holzbank.

«Ich bin jetzt dran, würden Sie bitte aufstehen.» Ich bemühte mich, meiner Stimme die kalte Höflichkeit zu geben, mit der Mutter Leute, die ihr unverschämt kamen, zu zerschmettern pflegte. Der Mann murmelte eine Obszönität und sah mich dreist an. Unser Familienspruch fiel mir ein: «Braves Kind sagt nichts, braves Kind kriegt nichts.» Ich war von der Krankheit noch geschwächt, aber die Wut gab meinem rechten Bein

Kraft. Ich versetzte dem Mann mit dem genagelten Stiefel einen solchen Tritt gegen das Schienbein, daß er sich vor Schmerz krümmte.

Das Abteil zollte mir Beifall. «Aber umbringen brauchen Sie ihn deswegen nun auch nich gleich», sagte sein Nachbar. «Wo sie recht hat, hat sie recht», empörte sich eine Frau. Der Mann, moralisch und körperlich niedergeknüppelt, erhob sich widerwillig. Erschöpft sank ich auf dem Platz zusammen. Aber neugierige Männerfinger, die aus allen Ecken des Abteils zu kommen schienen und an mir herumtasteten, ließen mich keine Ruhe finden. Viel zu müde, um mich angemessen darüber zu entrüsten, murmelte ich nur in Abständen: «Was soll denn der Quatsch.»

Die Nacht war gekommen. Im Abteil wurde es still. Ineinander verknäult, fielen wir in bleiernen Schlaf, aus dem uns erst bei Tagesanbruch der Ruf «Tiefflieger!» riß. Wir stolperten noch halb im Schlaf aus dem Zug und den Bahndamm hinunter. Als der Angriff vorbei war, kletterten wir in unseren Wagen zurück. Der Zug fuhr weiter. Als in der zweiten Nacht der Zug wieder einmal hielt und ich den Namen unserer Kreisstadt hörte, konnte ich es kaum glauben. Endlich zu Haus! Ich zwängte mich durch die verstopften Gänge und stieg aus.

Ich wollte nicht warten, bis die Kleinbahn fuhr, und machte mich zu Fuß auf den Heimweg. Es gab eine Abkürzung, die durch den Stadtforst und Onkel Hans' Wald führte, der an unseren grenzte. Ich lief durch den Wald, vorbei an Schonungen und Kulturen, bis die

Bäume zurückwichen und das Dorf vor mir lag. Es fing an, hell zu werden. Der Nebel auf den Wiesen begann sich zu heben. Ich hörte das Pumpwerk, das das Wasser von den Wiesen pumpte, und eine Stimme: «Harre meine Seele, harre des Herrn . . .» Frau Trägenapp war beim Melken. Bei der Kastanie vor ihrem Haus fielen mir die Hornissen ein, die jeden Angriff überlebt hatten. Hier konnte mich der Krieg nicht finden. Alles würde bleiben, wie es war. Vater würde sich nach wie vor über die Städter erregen und Mutter das Lied vom Nöck spielen. Bald mußte es Waldmeister und Lietzeneier geben. In Gedanken versunken, stolperte ich auf unserem Hof wie üblich über eine Deichsel. In der Küche brannte Licht. Vera war beim Brotbacken. Auch sie war wieder nach Haus zurückgekehrt. «Da bist du ja endlich.»

Wir gingen nach oben, um die Eltern zu wecken. Die Petroleumlampen standen geputzt neben dem Gewehrschrank. Es war still und friedlich. Als wir durchs Eßzimmer kamen, blieb ich stehen. «Wie sieht's denn hier aus?»

«Wir sind beim Packen», sagte meine Schwester.

18

Meine Fluchterlebnisse fanden nicht das erwartete Echo. Vater stand auf dem Standpunkt, daß Fohlen und Kinder, die gutes Futter und den nötigen Auslauf gehabt haben, im späteren Leben einen Puff vertragen können. Mutter zeigte zwar mehr Mitgefühl, sagte an richtiger Stelle «wie furchtbar, wie schrecklich» und bestand darauf, daß ich in die Stadt zum Arzt fuhr, um meine Lunge abhorchen zu lassen. Aber dann war sie auch gleich wieder bei Tante Maisi und deren guten Taten. «Stell dir vor, Tante Maisi hat Juden versteckt!»

Die Tante, die kurz vor mir bei den Eltern gelandet war, sah mit bescheidenem Stolz auf ihren Teller. «Nur eine, liebe Gertrud.»

Eines Tages hatte ihre beste Freundin, eine Ärztin, mit einer Fremden vor ihrer Tür gestanden. Das sei Frau Schwedenberg, und ob sie bei ihr unterkommen könne. «Nur für einen Tag, Maisi!» Ehe die Tante sich noch so recht darüber klarwerden konnte, vor wem sie mehr Angst hatte, vor der Polizei oder vor der energischen Freundin, saß Frau Schwedenberg schon im Wohnzimmer. Aus dem einen Tag war dann ein Monat geworden, und Tante Maisi kam in ernste Schwierigkeiten, denn ihre Vorräte gingen zur Neige. Schließlich gab's nur noch «Schwedenbergs

Nährspeise», wie sie einen aus Mehl und Eipulver zusammengerührten und mit Selters schaumiggeschlagenen Eierkuchen nach ihrem Gast nannte.

«Doch dann», sagte die Tante, und ihr Kopf zitterte ein wenig, «starb ja glücklicherweise Bauzi und –»

«Ein Fresser weniger», meinte Vater verständnisvoll.

«Nein», rief die Tante, «das meine ich nicht. Es war –»

«Nun unterbrich sie nicht dauernd», sagte Mutter.

«Kann ich weitererzählen?» fragte Tante Maisi.

Ihr geliebter Dackel sollte ein richtiges Begräbnis haben. So ein treues Tier konnte man doch nicht einfach in den Müllkasten oder irgendwo in die Trümmer werfen! Sie packte ihn in einen Persilkarton, bewaffnete sich mit einer Kohlenschaufel und machte sich auf den Weg zum Grunewald. Die S-Bahn war wie üblich überfüllt. Erst beim dritten Anlauf gelang es der Tante, sich hineinzuzwängen. In dem Wagen, den sie erwischt hatte, herrschte nur schummriges Licht, denn sämtliche Fenster waren mit Holz verschalt. Sie drängelte sich ins Wageninnere und bekam sogar einen Sitzplatz unter einer leicht angekohlten Bullrichsalz-Reklame – «So wichtig wie die Braut zur Trauung ...» Hilfreiche Hände nahmen ihr den Karton ab und holten ihn auch wieder aus dem Gepäcknetz, als sie aussteigen mußte. Im Wald war ein schöner Platz schnell gefunden, und sie kratzte eine Mulde in den Boden. Dann öffnete sie den Deckel, um ihren Bauzi herauszunehmen. Die Tante starrte fassungslos: der Dackel hatte sich in ein halbes Pfund Kaffee, ein großes Stück Speck, ein Paket Schmalz und eine Leberwurst verwandelt.

Vater rührte nachdenklich in seiner Kaffeetasse. «Man stelle sich vor – ein Mann kommt nach Haus zu seiner Familie und sagt: Das habe ich für Großmutters goldene Uhr eingetauscht. Er macht den Deckel auf und –»
«Alfred», sagte Mutter.

Obwohl wir so weitab von der Hauptstraße lagen, kamen doch hin und wieder Trecks von Verwandten und Freunden. Sie ruhten sich ein, zwei Tage bei uns aus und gaben uns den dringenden Rat, auch bald zu verschwinden. Wir waren dauernd dabei, Pferde ein- und umzustellen, Betten zu beziehen und wieder abzuziehen, und Mutter hetzte mit Kamillentee und Wärmflaschen durchs Haus. Eine Wasserleiche im Rhin hatte früher für wochenlangen Gesprächsstoff gesorgt, aber jetzt hörte man sich Unfaßliches an, als handele es sich wie gewohnt um die Verbreitung der Maul- und Klauenseuche. Es gab Klagen über so manche Ungastlichkeit, der man unterwegs begegnet war: «Stellt euch vor, wir kommen da an – er ist schließlich ein Vetter dritten Grades von mir – und werden nicht mal an den Tisch gebeten. Und so was will Johanniter sein! Die werden sich noch umsehen!», und Kopfschütteln über die Unvernunft einiger Familienmitglieder: «Tante Anni schleppt ständig eine Art Sack mit sich herum. Wir denken natürlich, da ist die wertvolle Briefmarkensammlung von Onkel Ernst drin. Doch was soll ich euch sagen? Klopapier! Rollen und Rollen von Klopapier.» Gelobt dagegen wurde ein Gutsbesitzer, der einen Treck von mehr als 60 Wagen leitete. «Hoch in den Siebzigern, aber ran wie Blücher!» An einer für Zivilisten gesperrten Brücke hatte er seine

Pistole gezogen und damit die Posten in Schach gehalten, bis der letzte Wagen auf der anderen Seite war. «Dann hat er seine Pistole eingesteckt und ist hinterhergaloppiert.»

Das hatte ich unterwegs anders erlebt. «Und sie haben ihn nicht erschossen?» Sie schüttelten den Kopf.

Das Haus wuchs immer mehr zu. Wir konnten kaum noch treten. Im Flur stapelten sich seit Monaten die ausgelagerten Sachen der Berliner Verwandtschaft, und jetzt ließen auch noch die Trecks zurück, was sie nicht weiter mitnehmen wollten. Darunter auch eine bleischwere Kiste, die wir in die Scheune bugsierten. Dabei ging der Deckel ab, und wir warfen einen Blick hinein.

«Jetzt schleppen die Leute schon ihre Grabsteine mit sich herum», sagte Vater, ganz überwältigt von dem Anblick mehrerer beschrifteter Gesteinsbrocken.

«Wahrscheinlich eine bedeutende Sammlung», meinte Mutter.

«Viel Steine gab's und wenig Brot», zitierte Vater.

Mutter blätterte jetzt häufig im Gotha. In unserer großen Verwandtschaft müßte sich doch irgendein Onkel in Amerika finden lassen.

«Was soll *der* denn jetzt?» fragten wir erstaunt.

«Ach, man kann nie wissen, wenn das alles erst mal vorbei ist», meinte Mutter vage.

Sie räumte weiter Schränke aus und füllte Kisten und Koffer mit Bettwäsche, Silber und Porzellan. Die Auswahl fiel schwer. Wofür sollte man sich entscheiden, für die Wappengläser, aus denen bereits der Alte Fritz getrunken hatte, oder für die Silberleuchter?

«Tand, Tand ist das Gebilde von Menschenhand»,

sagte Vater und betrachtete sich Billis silbernen Kinderbecher. «Wenn nur der Junge heil zurückkommt.»

Mutter fühlte sich angegriffen. «Als ob ich das nicht genauso empfinde.» Sie steckte ärgerlich das Oktavheftchen weg, in dem jedes verpackte Stück aufgeschrieben war. Schon mehrmals hatte sie es verlegt, und wir mußten den ganzen Tag danach suchen. Zwei mühsam geschlossene Koffer waren bereits wieder aufgemacht und durchwühlt worden, als es plötzlich hinter ihrer Waschschüssel auftauchte.

«Wann willst du denn nun endlich einen Wagen bereitstellen, Alfred?»

Aber Vater hatte es sich anders überlegt. «Das letzte Gespann den Leuten wegnehmen? Womit sollen sie dann ihre Frühjahrsbestellung machen?» Und wie sah das auch aus! «Der Graf haut mit den Pferden ab, und wir können sehen, wo wir bleiben», würde es womöglich heißen.

Dann wollte Mutter wenigstens einige kostbare Stücke vergraben. Tagelang liefen wir wie früher, wenn wir nach einem passenden Weihnachtsbaum stöberten, durch den Wald und suchten nach geeigneten Plätzen.

«Hier wär's ideal», meinte Mutter.

«Viel zu feucht», sagte Vater.

Wir buddelten ein und wieder aus und wuchteten schwere Kisten durch die Gegend, und am Ende blieb alles, wo es war, nämlich in den Schränken.

Vater wurde zum Volkssturm einberufen. Zusammen mit Bruno fuhr er zum erstenmal zum Dienst. Ihr Führer war der wortkarge Propagandaleiter. Als der seine Mannschaft in Reih und Glied vor sich sah, darunter Vater mit seinem Humpelbein, den wackeligen Bruno und Otto, der nur einen Arm gebrauchen konnte, strich er sich über den Oberlippenbart und sagte nur drei Worte: «Volkssturm aufgelöst, wegtreten!»

In den letzten Kriegstagen gab es in unserem Dorf fast noch ein zusätzliches Drama. Die Jungfer Zech war plötzlich wunderlich geworden. Sie rührte keinen Spaten, keine Mistforke, kein Ziegeneuter mehr an, sondern saß von früh bis spät auf der Bank vor ihrem Haus und starrte in die Luft. Das einzige Wort, das sie gelegentlich von sich gab, war «Sau». Sie gebrauchte es bei den unpassendsten Gelegenheiten, so auch, als jemand von der Gemeinde ihre Hühner zählen wollte, und da sprach sich ihr Zustand allmählich herum.

Als Mutter ihr eines Tages etwas zu essen bringen wollte, sah sie einen Krankenwagen, der sich kurz vor Frau Zechs Haus im Sandweg festgefahren hatte. «Zu wem wollen Sie denn?» fragte Mutter. «Hier ist niemand krank.»

Der Fahrer hielt ihr ein amtliches Schreiben unter die Nase. «Hier muß 'ne Frau wohnen, die soll ich in die Landesnervenheilanstalt bringen. Können Sie mir sagen, wo sie wohnt?»

Mutter warf einen schnellen Blick auf die regungslos vor ihrem Häuschen sitzende Jungfer Zech, atmete einmal tief durch und lächelte den Mann an. «Ach die! Die ist gestern von ihren Kindern abgeholt worden. Aber wohin, das weiß ich nicht.»

Dann ging sie gemessenen Schrittes auf die Jungfer

Zech zu, nahm sie beim Arm und drängte sie in die Küche zurück. Diesmal verwendete die Jungfer die Mehrzahl. «Säue», sagte sie.

Zu Haus waren neue Flüchtlinge eingetroffen. Tante Aimée mit Mann. Sie hatte graue Haare bekommen und war nicht mehr ganz die Augenweide wie einst, aber sie neckte uns wie früher und erwärmte sich mit Mutter an Liebesgeschichten aus alten Zeiten, als sie noch die «wilde Emma» gewesen und beim Sektfrühstück in der Wohnung eines ungarischen Diplomaten in eine verfängliche Situation geraten war.

«Wie hieß er doch gleich?» fragte Mutter.

«Servus Kaktus.» Tante Aimée lachte.

Ihr Mann sah sie ärgerlich an. «Eine Welt geht unter, aber du hast nichts als diese Albernheiten im Kopf.»

Tante Aimée machte mit Vater einen langen Spaziergang, und als sie davon zurückkamen, bestand er plötzlich darauf, daß Mutter mit ihr und ihrem Mann mitfuhr.

«Kommt überhaupt nicht in Frage», protestierte Mutter. «Entweder alle oder keiner. Du willst doch, daß wir hierbleiben.»

«Wir müssen an die Kinder denken», sagte Vater. «Aimée hat mich überzeugt. Wir kommen mit den Rädern nach, und das ist nun wirklich nichts für dich.»

Mutter gab nach. «Wenn du meinst und ich Aimée nicht lästig falle.»

«Auf unserm Jagdwagen ist reichlich Platz», versicherte die Tante.

«Aber ich muß meine Beine bewegen können», sagte ihr Mann.

Mutter, eben noch von den Flüchtlingen umschmeichelte Hausfrau, machte sich denn auch so dünn wie möglich, um niemand im Wege zu sein. Vater sah ganz verloren aus, als Mutter aufgestiegen war. «Hast du's auch warm genug, Trudelchen?» Er humpelte um den Wagen herum und stopfte ihr die Decken fest. Mutter beugte sich zu ihm hinunter. «Versprich mir, bald nachzukommen, denk an die Mädchen.» Vera und ich sahen uns an. Uns hatte sie aufs Herz gebunden, daß wir auf Vater ein Auge haben sollten. Sie lehnte sich zurück. «Hoffentlich findet uns Billi.»

Der letzte Treck hatte uns verlassen und mit ihm auch Tante Maisi. Aber Eile schien uns trotzdem nicht geboten. Es blieb friedlich und still. Und da die Batterie vom Radio verbraucht war und es keine neue gab, konnten wir nicht einmal mehr London hören, um uns zu informieren.

Doch dann, eines Nachts, weckte uns Vater. «Zieht euch schnell an. Es müssen Panzer in der Nähe sein.»

Wir setzten uns auf und lauschten. Das Geräusch der Panzerketten war unüberhörbar. Draußen wurde es gerade hell. In der großen Pappel hinter dem Haus begannen die Stare zu klappern. Die Sonne ging auf. Das Geräusch war wieder verstummt. Aber Vater bestand darauf, daß wir unsere Rucksäcke fertigmachten. Was war wichtig? Wir packten mit Bedacht – Speck und Brot, ausgelassenes Schmalz in ehemaligen Bon-

bonbüchsen aus Belgien mit dem belgischen Königspaar darauf, Flickzeug für die Räder, Streichhölzer und Nähzeug. Unsere Feldflaschen füllten wir mit Rotwein, und an die Lenkstangen banden wir kleine mit Petroleum gefüllte Stallaternen.

Am Nachmittag gingen wir noch einmal durchs Haus. Kein Fenster offen? Die beiden Hausmädchen waren schon vorausgeradelt, wir wollten uns später mit ihnen treffen. Ich zog Großmutters Spieluhr auf. Vier Porzellanpüppchen im Rokokokostüm, die in einer Rosenlaube auf zierlichen Stühlchen an einem gedeckten Tisch saßen, hoben die Tassen und bewegten ihre Köpfe zu dem Menuett von Boccherini. So saßen sie und nickten wohl noch, als wir längst den Hof verlassen hatten.

Unterwegs fing Vater an herumzutrödeln: Er müsse unbedingt nach den eingedrillten Kiefern vom letzten Jahr sehen. Wir keuchten mit unseren schwerbeladenen Rädern über Maulwurfshügel und durch Karnickellöcher und mußten alle Augenblicke vor Ahorn- und Pappelbäumchen stehenbleiben, an denen das Wild die jungen Triebe abgefressen hatte. Anklagend streckten sie uns ihre abgeschälten Äste entgegen. Vater holte Bast aus der Tasche, band Bäume fest und bekratzte ihre Rinde, um zu sehen, ob sie auch nicht eingegangen waren. Schließlich erreichten wir den aufgeforsteten Kahlschlag. Er sah aus, als hätten Hunderte von Kühen darauf herumgetrampelt. «Die Panzer», sagte Vater.

Als Vater den Wald nach dem Ersten Weltkrieg geerbt hatte, war er in einem recht verwahrlosten Zustand gewesen. Unter Vaters Händen hatte er sich zu einem Musterforstgut entwickelt, zu dem man Forstmeister und Förster schickte, damit sie sahen, wie vorbildlich angelegte Pflanzungen auszusehen hatten. Für seine Passion hatte Vater uns Kinder kräftig ausgenutzt. Wir mußten mit ihm hacken und pflanzen und die Alleebäume beim Eingraben halten, bis unsere Arme gefühllos wurden. Mit einem Gewehr lief Vater selten herum, aber immer mit einem Beil unterm Arm und einer Baumschere, und die einzige Ohrfeige in meiner Kindheit bekam ich, als ich sein Beil verschleppt hatte.

Schwerfällig kniete Vater mit seinem zerschossenen Bein nieder und versuchte, einige der geknickten Pflanzen wieder aufzurichten. Der Krieg hatte sich Millionen von Menschen in den Rachen gestopft und von Dörfern und Städten nur Gerippe hinterlassen. Warum sollte er Vaters Wald verschonen!

Schweigend schoben wir die Räder einen mit einzelnen hohen Kiefern bewachsenen Abhang hinauf, von dem man einen weiten Rundblick hatte. Wir setzten uns auf einen umgestürzten Baum und ruhten uns aus. Die Dämmerung kam schon über den See gebummelt und ließ ihn zusammenschrumpfen. Vera und ich standen auf, aber Vater blieb sitzen und betrachtete den sich langsam verfärbenden Himmel.

«Die Grille sang, die Sonne schwand,
Handwerker säumten, Band für Band,
den letzten Tagesrand.
Das Gras sank tief, von Tau bedeckt,
das Zwielicht stand . . .»

Er stocherte in seiner Pfeife. «Wenn ich nur drauf käme, was mit dem verdammten Zwielicht war.»

Vera und ich nickten uns zu. Mutter hatte recht, man mußte sich um ihn kümmern. «Wir müssen los», drängten wir in ihrem nachsichtig-ungeduldigen Tonfall, zogen ihn hoch und stützten ihn fürsorglich.

Er machte sich unwirsch frei. «Was soll das denn!» Er nahm einen kräftigen Schluck aus der Feldflasche. «Guter Jahrgang!»

Im Nachbardorf standen die Menschen auf der Straße. «Macht ihr weg?» fragte Otto Klose Vera und mich. Wir nickten. «Na ja, ihr kennt ja so ville und wißt wenigstens, wohin.»

Wir bogen in die Chaussee ein, die zur Kleinbahn führte, und fuhren an der Bahnstation mit ihrer Wellblechbaracke vorbei. Bald würden hier die Kastanien blühen und die Maikäfer zu Hunderten aus den Bäumen purzeln. Mein Rad rutschte an einem Kuhfladen entlang.

Dann hatten wir die Hauptstraße erreicht. Wir standen und starrten. In einer Kolonne ohne Anfang und Ende zog es vorbei: Treckwagen, Handkarren, Fahrräder, Zivilisten, Militär und Kriegsgefangene ganz ohne Bewachung, die es nicht weniger eilig hatten. Wir sahen uns an. War es nicht besser, umzukehren? Fenster und Türen zu verrammeln und abzuwarten, bis alles vorbei war? «Schließlich haben wir doch nichts getan!» sagte Vera. Die Doppeldeutigkeit dieses Ausspruchs sollte uns erst später klar werden.

«. . . wie Fremde stehn,
gezogenen Huts, neu und korrekt
im Bleiben oder Gehn!»

Vater war ganz glücklich, daß ihm die Verszeile wieder eingefallen war. Er prüfte die Luft in seinem Vorderreifen. «Hauptsache, wir kriegen keinen Platten.»
 Wir reihten uns ein.

«Mary Higgins-Clark gehört zum kleinen Kreis der besten Namen der Spannungsliteratur.»

New York Times

320 Seiten/
Leinen

In der luxuriösen Umgebung einer exklusiven Schönheitsfarm versucht Elisabeth über das Leben ihrer verstorbenen Schwester und die eigenen Gefühle Klarheit zu gewinnen. Aber im Paradies der Schönheit lauert das Böse ... Menschen in gefahrvollen Situationen zu zeigen, auf die das Leben sie nicht vorbereitet hat – das gelingt Mary Higgins-Clark in ihren Romanen immer wieder mit überraschender Perfektion!

Walter Kempowski

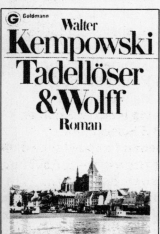

„Die Treffsicherheit, mit der Kempowski den 'Originalton' der Zeit wiedergibt, ist verblüffend, und man bewundert, wie all die Gesprächsfetzen, Alltagsszenen und sehr privaten Begebenheiten zu einem großen Zeitgemälde zusammenwachsen."

Aus großer Zeit
Roman. (3933)

Schöne Aussicht
Roman. (6721)

Tadellöser & Wolff
Roman. (3892)

Herzlich willkommen
Roman. (6833)

Goldmann Taschenbücher

Informativ · Aktuell
Vielseitig · Unterhaltend

**Allgemeine Reihe · Cartoon
Werkausgaben · Großschriftreihe
Reisebegleiter
Klassiker mit Erläuterungen
Ratgeber
Sachbuch · Stern-Bücher
Indianische Astrologie
Grenzwissenschaften/Esoterik · New Age
Computer compact
Science Fiction · Fantasy
Farbige Ratgeber
Rote Krimi
Meisterwerke der Kriminalliteratur
Regionalia · Goldmann Schott
Goldmann Magnum
Goldmann Original**

Goldmann Verlag · Neumarkter Str. 18 · 8000 München 80

Bitte
senden Sie
mir das neue
Gesamtverzeichnis

Name _____

Straße _____

PLZ/Ort _____